Hans-Peter Tiemann

Starke Stunden mit „Harry Potter und der Stein der Weisen“

Bezaubernde Unterrichtsideen für die Klassen 5 bis 7 zum Jugendbuch von Joanne K. Rowling

Auer Verlag GmbH

Gedruckt auf umweltbewusst gefertigtem, chlorfrei gebleichtem und alterungsbeständigem Papier.

1. Auflage. 2005

Illustrationen: Stefanie Aufmuth
Satz: Fotosatz H. Buck, Kumhausen
Druck und Bindung: Ludwig Auer GmbH, Donauwörth
ISBN 3-403-0**3628**-6

Inhalt

Vorwort

Liebe Kollegin, lieber Kollege!

„‚Potter' in der Schule – das ist wie Zuckerwatte beim Zahnarzt!" Als mir Alice das sagte, hatte ich bereits einige „schwache" Stunden mit „Harry Potter" in ihrer 5. Klasse hinter mir. Die Schüler erwarteten von jeder Stunde ein Fanclub-Treffen; man wollte eigentlich nur lesen, ein wenig über Harry und seine Abenteuer „quatschen", neue „Potter"-Artikel tauschen, ansonsten aber in Ruhe gelassen werden. Wieder einmal musste ich einsehen, dass ein Bestseller noch kein Garant für guten Unterricht ist.
Die „starken" Stunden hatten längst schon daheim in privater Leseumgebung stattgefunden, von Erwachsenen unbehelligt. Ein schulisches „Remake" der „Potter"-Faszination schien unmöglich, denn die Fangemeinde reagierte sehr empfindlich, wenn ihr Kultjunge zum Gegenstand analytischen Arbeitens gemacht werden sollte.
Längst besitzen die Schüler nicht nur die Bücher, sondern auch all die Dinge, die ihnen die pfiffigen Vermarkter anbieten. Damit ist „Harry Potter" für sie nicht mehr nur eine literarische Figur, sondern ein virtueller Freund, den man sich von Erwachsenen nicht gern ausreden und von Lehrern nicht gern sezieren lässt. Als „Potter"-Experten kennen sie Harrys Abenteuer bereits vor Unterrichtsbeginn in allen Einzelheiten, haben in der Regel keine Fragen mehr und sind mir als Lehrer haushoch überlegen, wenn es darum geht, Textpassagen aufzufinden und Handlungsdetails zu benennen.
Nach drei Unterrichtsstunden befanden sich die „Potter"-Fans auf der didaktischen Überholspur, hatten mich längst mit meinen Textfragen hinter sich gelassen und waren dabei, ihre „Potter"-Mappen nach eigenem Ermessen vollzustopfen mit Texten und Bildern aus dem Internet, mit abgezeichneten Hogwarts-Schulwappen, mit Sammelbildern, „Potter"-Quiz-Seiten und Lebensdaten aller Romanfiguren. Adrian und Melina brachten irgendwann zwei Reisigbesen mit, um zu demonstrieren, wie man Quidditch spielt. In der Pause demonstrierten dann ein paar Jungen aus der Nachbarklasse, was man sonst noch mit den Besen anstellen kann. Dabei ging ein Blumentopf zu Bruch und das „Harry-Potter"-Poster von Vera wurde zerfetzt. Bis heute suche ich nach Ersatz.
Neben der „Expertengruppe" gibt es in allen Klassen Kinder, die „Harry Potter" entweder noch nicht kennen oder nach ersten Leseversuchen zur Seite gelegt haben und die Begeisterung der Mitschüler ganz und gar nicht teilen können. Da sie den „Viellesern" im Unterrichtsgespräch oft nicht gewachsen

sind, verwandelt sich ihre distanzierte Haltung gegenüber „Harry Potter" in offene Ablehnung, mit der sie gegenüber der Fangruppe kokettieren.
Warum also vor diesem Hintergrund „Harry Potter" in der Schule überhaupt behandeln? – lässt man sich doch auf ein didaktisches Abenteuer ein, bei dem der „Muggel-Lehrer" ein paar magische Kräfte aus der „Winkelgasse" gut gebrauchen könnte: einen „Wiederholungszauber", der die häusliche Lesefaszination im Klassenraum neu belebt, einen „Kooperationszauber", der die verschiedenen Schülergruppen miteinander ins Gespräch bringt, einen „Methodenzauber", der hochgradige Differenzierung ermöglicht, und einen „Schreibzauber", der die Lerngruppe dazu bringt, sich kreativ mit dem Gegenstand auseinander zu setzen.
Einige magisch-didaktische Zutaten habe ich auf den Folgeseiten zusammengestellt. Sie dokumentieren meine Unterrichtsarbeit mit „Harry Potter" in den Jahrgangsstufen 5 bis 7 eines Gymnasiums und haben sich längst als hochwirksame Präparate gegen oben genannte Unterrichtsirritationen erwiesen. Die Arbeitsblätter haben eine eigene Attraktivität, indem sie selbst Geschichten erzählen und zum Erfinden von Geschichten rund um „Harry Potter" einladen.
Ihnen und Ihren Schülern wünsche ich damit viele „zauberhafte" Stunden!

Didaktische Hinweise

Zwei Lesarten, ein Ärgernis und eine Kontroverse

Der Roman von Joanne K. Rowling wird in dieser Unterrichtsarbeit als eine wunderbare Geschichte betrachtet, in der Kinder ihre Lebensthemen wiederfinden und auf fantasievolle Art bearbeiten können. „Harry Potter" führt uns Alltagskonflikte mit Erwachsenen vor, lässt uns Gefühle von Ohnmacht und Angst spüren, den Wunsch nach Anerkennung und Bewunderung erleben, zeigt uns schließlich, wie gut es doch ist, Freunde zu haben, auf die man sich verlassen kann. Die Zauberwelt ist hier nur die Kulisse für einen sehr realen Kinderalltag.

Daneben formieren sich Figuren und Gegenstandswelt zu einem bunten literarischen Sammelalbum mit beeindruckender Ordnung, streng sortiert in Gut und Böse, bestückt mit dem Inventar aus Märchenwelt, Fantasyliteratur und Internatsgeschichte. Die kindlichen Leser können es erwerben, darin immer wieder vor- und zurückblättern, suchen und ergänzen, indem sie über ihre Leseeindrücke sprechen, ihre Kenntnisse austauschen und damit zur Gruppe der Fachleute zählen.

Als Bestseller ist der Roman Teil eines massiven Vermarktungsbetriebs geworden. „Harry Potter" ist auf magische Weise omnipräsent im Kinderalltag, grüßt von Kugelschreibern, zeigt sich auf Internetseiten, im Kaufhaus und im Kino. Kinder erwerben den „Potter"-Firlefanz, der natürlich nicht halten kann, was das Buch verspricht, zumal das Bilderverbot der Rechteinhaber längst schon für den Ersatz regionaler „Potter"-Fantasien durch normierte Vorstellungen gesorgt hat. Die Arbeitsblätter in dieser Unterrichtseinheit möchten hier zur Geschmacks- und Urteilsbildung anregen. Zudem werden die Möglichkeiten und Grenzen einer „Harry-Potter"-Vermarktung in der Gestaltung eigener Werbeideen auf verschiedenen Arbeitsblättern erfahren. Die gegenwärtigen Tendenzen des „Harry-Potter"-Merchandisings – die Überformung der ursprünglich literarischen Figur mit Kaufhausartikeln – können sehr leicht dazu führen, dass die eigenen Potter-Bilder in den Kinderköpfen verblassen, dass persönliche Deutungen als minderwertig empfunden und eigene Vorstellungen ausgetrieben und durch die normierte Ästhetik der Sammelsteine, Aufdrucke und Filmbilder ersetzt werden. Vor diesem Hintergrund sollte der Deutschunterricht den Kindern helfen, ihre „Harry-Potter"-Fantasien zu kultivieren.

Schließlich sehen besorgte Erwachsene im kleinen Zauberer einen Wegbereiter der Esoterikszene, während seine Fans Lesenächte in Klassenzimmern und peinliche Muggel-Quidditch-Turniere in Sporthallen veranstalten. Das Material geht auf diese Polarisierung ein, indem es Hintergrundinformationen und Texte zur Diskussion anbietet.

Das Material und seine Zielsetzung

Alfs Tagebuch

Alf, ein elfjähriger Junge, eröffnet mit seinem Tagebuch zahlreiche Arbeitsblätter. Er erzählt von der eigenen „Harry-Potter"-Lektüre, lässt uns teilhaben an seinem turbulenten Schulalltag, in dem die erste Liebe ebenso eine Rolle spielt wie die Abenteuer, die er in der Jungengruppe erlebt. Immer aber steht „Harry Potter" im Mittelpunkt seiner Darstellung. Alfs Ansichten provozieren, lassen das Buch in jeweils neuem Licht erscheinen und stoßen Diskussionen über Themen wie literarische Qualität, Vermarktung, schwarze Magie und Leseverhalten an.

Mit ihm können sich die Schüler identifizieren, über ihn können sie lachen, er begleitet sie bei ihrer Lektüre.

Textproduktion

Das Buch von Joanne K. Rowling wird als Vorlage für eigenes Schreiben genutzt. Schüler entwerfen Paralleltexte, Handlungs- und Figurenvarianten, szenische Umsetzungen und mediale Transformationen, indem sie zeichnen, basteln oder Hörbilder erstellen. Sie werden damit zu Koautoren, die mit ihren Geschichten an die Handlungsmuster der Vorlage anknüpfen.

Imagination

Die Schüler werden angeregt, eigene Wegmarken im Text zu setzen und das Buch als offene literarische Landschaft zu begreifen, in deren Topografie man mithilfe fantasierter „Schlupflöcher" eindringen kann. Zahlreiche Arbeitsaufträge variieren dieses Konzept, indem sie immer wieder Begegnungen mit der Figurenwelt des Romans initiieren.

Textreflexion

„Harry Potter" ist für viele Schüler das erste „dicke Buch", der erste komplexe literarische Gegenstand. Die Arbeitsmaterialien helfen dabei, Übersicht zu gewinnen und die Romanhandlung sowie das Personal zu erfassen. Die Techniken des Erzählens stehen im Mittelpunkt der Reflexion; an Textbeispielen erfahren die Schüler etwas über die Spannungsregie der Autorin, über stilistische und kompositorische Eigenarten des Romans.

Der Einsatz im Unterricht

Die Arbeitsblätter können in verschiedenen Unterrichtskontexten genutzt werden:

- Im Lehrgang bietet es sich an, entlang der Kopiervorlagen zu arbeiten. Hier können thematische Akzente gesetzt werden, indem ausgewählte Arbeitsblätter im Klassensatz bereitgestellt werden. Die eigene Textproduktion kann ebenso im Mittelpunkt der Unterrichtsarbeit stehen wie die Textanalyse.
- In der **Freiarbeit** können alle Arbeitsblätter und Lernspiele genutzt werden. Die Arbeitsmaterialien enthalten einen Lösungsteil für die Selbstkontrolle überall dort, wo sich eindeutige Lösungen oder Lösungsvorschläge formulieren lassen. Dies ermutigt Schüler zum selbstständigen Arbeiten und macht zudem Unterrichtsdifferenzierung möglich, indem etwa bestimmten Schülergruppen Freiarbeitsmenüs verordnet werden.
- **Mischformen** von Lehrgang und Freiarbeit bieten sich an: So kann im Vordergrund des Unterrichts die gemeinsame Lektüre und Besprechung des „Harry-Potter"-Romans entlang bestimmter Arbeitsblätter stehen, während in der Klassenraum-Kulisse weiteres Material zur Verfügung steht. Hier können die Schüler ihre persönlichen „Harry-Potter"-Mappen zusammenstellen.
- Die **Differenzierung des Unterrichts** ist sowohl thematisch wie auch mit Blick auf differente Anforderungen möglich: Das Doppelbesen-Logo vor zahlreichen Arbeitsaufträgen signalisiert, um welches Anspruchsniveau es sich jeweils handelt. Sowohl „Harry-Potter"-Kenner und fortgeschrittene Leser als auch Leseanfänger werden hier angesprochen.
- Verschiedene **Sozialformen** werden angeregt: Die Lernspiele verlangen Gruppenarbeit, zahlreiche Arbeitsaufträge sollten in Partnerarbeit erledigt werden und kleine Projektideen fordern dazu auf, den Klassenraum auch einmal zu verlassen.
- **Lernerfolgskontrollen** können anhand der vorgeschlagenen **Klassenarbeiten** erfolgen. Das Material enthält sowohl Hinweise zur Vorbereitung der Arbeiten wie auch Bewertungskriterien und Vorschläge zur Auswertung. Schließlich sollten auch die „Harry-Potter"- Mappen zur Bewertung der Schülerleistungen herangezogen werden.
- Reicht den Schülerinnen und Schülern der Platz auf den Arbeitsblättern nicht aus, lassen Sie auf der Blanko-Vorlage oder im Heft weiterarbeiten.

Kleine Sequenzen im Lehrgang

Die Übersicht zeigt einige thematische Schwerpunkte, wie sie mit den Arbeitsblättern im Lehrgang gesetzt werden können.

1. Harry bei den Dursleys – die Karikatur einer Durchschnittsfamilie
Textbezug: S. 5–37

Die literarische Darstellung der Dursleys trägt vielfältige Züge der Karikatur. Mit pointierter Erzählweise gelingen der Autorin hier humorvolle, satirische Portraits einer spießbürgerlichen Familie, der die soziale Anpassung über alles geht. Engstirniges, ängstliches Verhalten paart sich mit Aggression gegenüber Fremden.

Lernziele und Kompetenzen *Die Schüler …*	**Arbeitsblatt (M)/Arbeitsauftrag**
… erfahren die Motive und thematischen Akzente bei der Darstellung der Familie Dursley.	**M 4/1, 2**
… erfassen und bewerten am Beispiel des Mr. Dursley die Charakterisierung einer Romanfigur.	**M 4/3; M 5–M 5a/1, 2**
… entwickeln eigene szenische Fantasien bei Begegnungen mit den Dursleys.	**M 5a/3; M 7/1, 2**
… erschließen „dursleyhaft" als Metapher für bürgerliche Engstirnigkeit, für einen Lebensstil, der alles Fremde, Unbekannte hasst bzw. ausschließt.	**M 6/1**
… beschreiben und beurteilen Dudley Dursley.	**M 6/2, 3**
… kennzeichnen Harrys Lebenssituation, seine Gedanken und Gefühle und seine Handlungsmotive.	**M 8/1–3**

2. Auf der Felseninsel – die Gestaltung eines Erzählhöhepunkts
Textbezug: S. 49–69

Die „Nacht auf der Felseninsel" ist der dramatische Höhepunkt im ersten Textteil des Romans. Die Autorin schildert die Zuspitzung der Ereignisse – von der Flucht der Dursleys bis zur Begegnung Harrys mit Hagrid – in turbulenter Weise.

Lernziele und Kompetenzen *Die Schüler …*	**Arbeitsblatt (M)/Arbeitsauftrag**
… erfassen wichtige Handlungsschritte, indem sie sie visualisieren und akustisch anreichern.	**M 9; M 10**
… identifizieren die Spannungskurve und die Erzählmittel der Spannungsregie.	**M 11/1–3**

3. Die Darstellung der Zauberwelt als literarisches Ideenfeuerwerk
Textbezug: S. 70–98

Mit der „Winkelgasse" präsentiert die Autorin ein berauschendes Milieu als Gegenwelt zu Harrys Familientristesse. Sie beeindruckt durch die Kombination bekannter Märchenwelt-Requisiten mit unerwartetem Inventar, oft ironisch vorgeführt.

Lernziele und Kompetenzen *Die Schüler …*	**Arbeitsblatt (M)/Arbeitsauftrag**
… erschließen die bunte Vielfalt der Zauberwelt, indem sie Vorlagen benennen und um eigene parallele textuelle und bildnerische Entwürfe ergänzen.	**M 13/1, 2; M 14/1, 2; M 15/1**
… erweitern den Vorstellungsraum „Winkelgasse" um akustische und geschmackliche Eindrücke.	**M 15/2; M 17/1**
… untersuchen eine komplexe Handlung.	**M 16/1, 2**
… unterscheiden zwischen literarischer Konvention und Innovation, indem sie Bekanntes von Neuem trennen.	**M 18/1, 2**
… entwickeln Spielszenen zur Textvorlage.	**M 17/2; M 19/2**

4. Hogwarts – eine ganz und gar (un-)gewöhnliche Schule
Textbezug: S. 126–157

Einerseits ist Hogwarts der Ort spektakulärer Ereignisse sowie bizarre Kulisse für Zauber und Abenteuer, andererseits steht das Internat für eine konventionelle Wertewelt, für Disziplin, Ordnung und Hierarchie.

Lernziele und Kompetenzen *Die Schüler …*	**Arbeitsblatt (M)/Arbeitsauftrag**
… lernen Hogwarts als streng geregelte, ritualisierte Schulgemeinde kennen.	**M 23; M 25/1, 3**
… bereichern das Schulmilieu um eigene Ideen, indem sie persönliche Schulerfahrungen auf die fremde Welt übertragen.	**M 25/2; M 26/1**
… erleben die starre Regelwelt von Hogwarts als Quelle für Abenteuer und vergleichen dies mit der eigenen Schulrealität.	**M 26/2; M 27/1, 2**

5. Vom Fliegen, Herumtreiben und Kämpfen: Harrys Hogwarts-Karriere

Textbezug: S. 145–211

Im Mittelpunkt steht Harrys Entwicklung vom vernachlässigten, getretenen Kind zum Hogwarts-Schulstar. Seine nächtlichen Streifzüge durch das Internat, seine ersten Flugversuche und der Kampf mit dem Troll bilden die nächsten Handlungsetappen. Für die Schüler ist es reizvoll, die psychische Situation der Hauptfigur zu erschließen, Harrys Motive, seine Stimmungen und Ideen zu erfassen. Auch die für ihn wichtigen sozialen Kontakte zu Ron, Hermine und Hagrid spielen hier eine Rolle.

Lernziele und Kompetenzen *Die Schüler …*	**Arbeitsblatt (M)/Arbeitsauftrag**
… erfahren die Bedeutung von Quidditch für Harry und die anderen Kinder.	**M 28/1, 2; M 29/1, 2**
… ergänzen die äußere Handlung um die innere Handlung an einer zentralen Textstelle.	**M 30/1**
… ordnen, analysieren und bewerten ein komplexes Handlungsgefüge.	**M 30/2; M 31/1, 2; M 32/1, 2**
… ergänzen einen Handlungshöhepunkt um akustische Elemente und mit nachträglichen Bewertungen.	**M 33/1–3**
… schreiben Reportagen und Berichte zum Quidditch, illustrieren dies mit Bildern.	**M 35; M 36/1–3**

6. Rund um die Magie

Textbezug: S. 212–248

Diese kleine Sequenz betrachtet die magischen Elemente des Romans zunächst als Spielmarken einer Spannungsdramaturgie. Ein kritischer Blick auf Magie als Machtmittel, auf mystische Verklärung von Realität erfolgt anschließend. Die Schüler sollen unterscheiden können zwischen magischer Buchwelt und eigener Alltagswirklichkeit. Dazu dient ein einführender Text.

Lernziele und Kompetenzen *Die Schüler …*	**Arbeitsblatt (M)/Arbeitsauftrag**
… erfahren die möglichen Gefahren des Aberglaubens am Gegenstand einer Erzählung.	**M 38–M 38a/1–5**
… erzählen von magischen Elementen (hier: Spiegel) in Märchen.	**M 40/4**
… untersuchen die komische Wirkung magischer Ereignisse und Erfindungen im Roman und gestalten selbst parallele Texte.	**M 39/1, 2; M 40/1, 2; M 41/1–3**
… entwickeln ein szenisches Spiel zu einem Ereignis aus dem Roman.	**M 41/4**
… untersuchen die Biografie einer Romanfigur.	**M 42/1**
… analysieren einen Sachtext zum Thema „Alchemie“.	**M 43**
… unterscheiden zwischen Magie im Roman und Zauberei in der Realität, indem sie Informationen über den „Magischen Zirkel“ auswerten.	**M 44; M 45/1–3**

7. Von Drachen und anderen Fabeltieren

Textbezug: S. 249–263

Fabeltiere und Zauberwesen spielen im Roman verschiedene Rollen. Während der Troll und auch einige Hausgespenster mehr oder minder bedrohlich wirken, treten Fabeltiere wie Einhorn und Zentaur in poetischen Kontexten auf und erinnern an Mythen und Fantasymotive. Schließlich poltert das Hausgespenst Peeves durch die Flure und sorgt für Komik und Spannung.

Lernziele und Kompetenzen *Die Schüler …*	**Arbeitsblatt (M)/Arbeitsauftrag**
… erschließen die Bedeutung des Drachen im Roman, indem sie Anleitungen zum Umgang mit Drachen schreiben.	**M 46**
… stellen in Zeitungsberichten und Spielszenen vor, was mit Drachen alles passieren kann.	**M 47/1–3**
… untersuchen einen Zeitungsartikel über ein Drachenfest mit Blick auf doppeldeutige Aussagen.	**M 48/1–3**
… ordnen und illustrieren Informationen über Fabeltiere.	**M 49**
… ergänzen die Ereignisse im verbotenen Wald um akustische Eindrücke, indem sie den Text untersuchen.	**M 50**

8. Der Stein der Weisen

Textbezug: S. 285–330

Die Kinder zeigen auf dem Weg zum Stein der Weisen ihre Fähigkeiten, bis Harry schließlich allein gegen seinen Widersacher Voldemort kämpfen muss. Neben den Handlungselementen Kampf, List, Flucht, Freundschaft und Opfer wird die ethische Bedeutung eines „ewigen Lebens“ thematisiert. Eine ergänzende Erzählung hilft den Schülern dabei, die philosophischen Dimensionen des Themas auf unterhaltsame Weise zu erschließen.

Lernziele und Kompetenzen *Die Schüler …*	**Arbeitsblatt (M)/Arbeitsauftrag**
… charakterisieren Harry, Ron und Hermine auf ihrem Weg zum Stein der Weisen.	**M 52**
… erfinden eigene magische Hindernisse auf dem Weg zum Stein der Weisen	**M 53/1**
… stellen Voldemort und Dumbledore gegenüber, indem sie deren Wertvorstellungen zuordnen.	**M 53/2**
… erarbeiten den Umgang mit der Zeit als zentrales Erzählmittel.	**M 54**
… beschreiben die Höhepunkte aus der Sicht einer Romanfigur in einem fiktiven Dialog (Interview).	**M 55/1**
… erschließen die möglichen Bedeutungen eines „Steins der Weisen“ im Alltag, indem sie eine Erzählung analysieren.	**M 56–M 56 b/1–5**

Differenzierung – Vorschläge für die Freiarbeit

Natürlich können sämtliche Arbeitsblätter und Lernspiele in der freien Arbeit genutzt werden. Denkbar ist eine Materialkulisse, bestehend aus Ordnern mit Klassensätzen oder auch Einzelexemplaren. Die Schüler bedienen sich nach eigener Wahl. Die Ergebnisse werden in den Harry-Potter-Mappen gesammelt oder vor der Klasse präsentiert: Spielszene, Hörbild etc.
Die folgende Auswahl präsentiert Aufträge auf drei Niveaustufen, differenziert nach Motivationslage, Schwierigkeitsgrad und Komplexität der Aufgaben.

Das kleine Freiarbeitsmenü für „Harry-Potter-Neulinge“
Schwerpunkt: Inhalt

Thema	Pflichtaufgaben	Zusatzaufgaben
„Harry Potter“ bei den Dursleys	M 4/1, 2; M 5a/1, 2; M 6/1	M 5a/3
Die Nacht auf der Felseninsel	M 9; M 11/1	M 8/3
In der Winkelgasse	M 14/1, 2; M 16/1, 2; M 19/1	M 19/2
Abreise von Gleis neundreiviertel	M 20/1	M 20/2
Der sprechende Hut	M 26/1,3	M 23
Quidditch	M 28/1	M 28/2
Der Kampf mit dem Troll	M 33/1	M 33/2
Rund um die Magie	M 38a/1, 2, 3	M 38a/4
Durch die Falltür	M 52	M 55/1, 2

Das Freiarbeitsmenü für gründliche Textforscher
Schwerpunkt: Erzählweise

Thema	Pflichtaufgaben	Zusatzaufgaben
Text und Leser	M 3	
„Harry Potter“ bei den Dursleys	M 4/1, 2; M 5a/1, 2; M 6/2	M 7/2
Briefe von niemandem	M 8/1, 2; M 11	M 8/3; M 12/1, 2
In der Winkelgasse	M 13/1; M 15/1; M 16/1, 2; M 18/1, 2	M 15/2
Abreise von Gleis neundreiviertel	M 20/1; M 21/1	M 21/3
Der sprechende Hut	M 23	
Der Meister der Zaubertränke	M 26/1	M 26/2
Quidditch	M 28/1	M 28/2
Duell um Mitternacht	M 30/1	M 30/2
Rund um die Magie	M 38a/1–3; M 44	M 38a/4; M 45/1–3
Im verbotenen Wald	M 49	M 50/1
Durch die Falltür	M 52	M 53/2

Das Freiarbeitsmenü für erfahrene „Harry-Potter"-Kenner
Schwerpunkt: Produktion

Thema	Pflichtaufgaben	Zusatzaufgaben
„Harry Potter" bei den Dursleys	M 4/3; M 5a/3; M 6/2	M 5a/1, 2; M 7/1
Briefe von niemandem	M 9; M 10	
In der Winkelgasse	M 14/1, 2; M 15/2; M 17/1, 2; M 19/2	M 18/1, 2
Abreise von Gleis neundreiviertel	M 20/2; M 21/2, 3	M 22/1–3
Der sprechende Hut	M 23; M 24	M 25/2
Der Meister der Zaubertränke	M 26/1	M 26/2
Duell um Mitternacht	M 28/2	M 29/1, 2
Halloween	M 34/1, 2	
Quidditch	M 36/1	M 36/2
Weihnachten in Hogwarts	M 39/2	
Der Spiegel Nerhegeb	M 40/2, 3	
Nicolas Flamel	M 41/1–3	M 41/4
Norbert, der norwegische Stachelbuckel	M 46	M 47/1
Durch die Falltür	M 53/1	
Der Mann mit den zwei Gesichtern	M 57/1, 2	M 58

Das Tagebuch einer Romanfigur
5. Jahrgangsstufe

> **Joanne K. Rowling, „Harry Potter und der Stein der Weisen"**
>
> ***Aufgabe:*** *Schreibe einen der folgenden Tagebucheinträge.*
>
> a) **Hermine** schreibt am ersten Abend nach ihrer Ankunft in Hogwarts.
> b) **Harry** schreibt am Abend nach dem Quidditch-Spiel.
> c) **Draco Malfoy** schreibt am Abend des Tages, an dem er den Drachen bei Hagrid entdeckt hat.

Gegenstand dieser Klassenarbeit sind Tagebucheinträge. Vielen Kindern ist diese Textsorte aus der eigenen Schreibpraxis vertraut. Das Tagebuch erfordert wenig Schreibdisziplin, ist expressives Medium ohne definierten Adressatenbezug. Die vorliegende Aufgabe verlangt mit dem Tagebucheintrag einer Romanfigur einen Rollentext und damit die Übernahme einer Fremdperspektive. Die Darstellung sollte über die bloße Reproduktion einer Romansituation hinausgehen und eigene Ideen – etwa: Handlungspläne der Romanfigur, Reflexionen – enthalten.

Die Schüler sollen
- einen Tagebucheintrag zu einer vorgegebenen Situation im Roman entwerfen.
- dabei in die Rolle einer Figur schlüpfen und aus deren Sicht schreiben.
- die Gedanken dieser Figur darstellen.

Kriterien zur Bewertung:
- Textkenntnis der Romanvorlage
- Erfassen der besonderen biografischen Situation der Romanfigur
- Übernahme der Perspektive
- Darstellung von Gedanken
- Ideenreichtum
- sprachliche Ausführung

Das Tagebuch einer Romanfigur
6. Jahrgangsstufe

> **Joanne K. Rowling, „Harry Potter und der Stein der Weisen"**
>
> ***Aufgabe:*** *Schreibe einen der folgenden Tagebucheinträge.*
>
> a) **Ron** schreibt am Abend nach dem Quidditch-Spiel (S. 210). Seine Gefühle während des Spiels und seine Beziehung zu Harry und Hermine stehen dabei im Mittelpunkt.
> b) **Harry** schreibt am Abend nach der Entdeckung der Informationen über Nicolas Flamel (S. 240). Dabei denkt Harry im Tagebuch darüber nach, was es bedeutet, den Stein der Weisen zu besitzen.
> c) **Draco Malfoy** schreibt am Abend des Tages, an dem er den Drachen bei Hagrid entdeckt hat (S. 257). Neben seinen Gedanken und Gefühlen sind die Pläne wichtig, die er schmiedet.

Anders als in der 5. Jahrgangsstufe wurden hier einige Vorgaben gemacht. So sollen die Schüler etwa über die Beziehungen der Kinder untereinander schreiben, über die Bedeutung des Steins der Weisen nachdenken oder Draco Malfoys Pläne entwerfen. Die Bewertung der Arbeit kann die sprachliche Rollenübernahme einbeziehen. Draco wird vulgär sprechen, Ron eher abgewogen und Harry darf bei diesem Thema seine analytischen Fähigkeiten zeigen.

Die Vorbereitung der Klassenarbeiten kann in beiden Jahrgangsstufen mithilfe der Auszüge aus Alfs Tagebuch und folgender Arbeitsblätter erfolgen:

Thema	Arbeitsblatt (M)/Arbeitsauftrag
Harrys Gedanken und Gefühle (innere Handlung)	M 8/1, 2
Harrys Besuch in der Winkelgasse – Harrys Tagebuch	M 13/1, 2
Harrys Tagebuch: Die Begegnung mit Draco Malfoy	M 20/2
Hermines Situation	M 33/2
Das Tagebuch eines Tollpatsches: Neville Longbottom	M 42/1
Harrys Tagebuch über Voldemort	M 50/1

Meine Reise nach Hogwarts
– eine Erlebniserzählung –
5. Jahrgangsstufe

Joanne K. Rowling, „Harry Potter und der Stein der Weisen"

Stell dir vor, eines Tages trifft Hedwig bei dir ein und überbringt dir eine Einladung nach Hogwarts. Der Brief kommt von Harry Potter persönlich. Er teilt dir mit, dass du dir eines der drei folgenden Transportmittel aussuchen darfst:

a) einen fliegenden Radiergummi
b) Frank, den Langstrecken-Transport-Hasen
c) eine magische Seifenblase

Schreibe eine Erlebniserzählung mit dem Titel ***„Meine Reise nach Hogwarts"****. Sie endet kurz nach deiner Ankunft in Hogwarts.*

Diese Ich-Erzählung, in deren Mittelpunkt ein Reiseabenteuer steht, gibt drei originelle Transportmittel zur Auswahl und verpflichtet die Schüler zur Begrenzung und Konzentration auf den Reiseweg. Während sich viele Schüler bei der Darstellung von eigenen Erlebnissen in Hogwarts entweder in der bloßen Reproduktion von Romaninhalten verzetteln würden, indem sie Figuren nur aufzählen, oder aktionsreich aufgeblähte Kampfgeschichten erzählen, können sie hier an jeder Stelle der Reise sinnvoll abbrechen – ein kleiner Zauber wird es möglich machen –, und niemand kommt auf Grund zu komplexer Handlung in Erzählnot.

Bei der Beurteilung steht die Farbigkeit der Darstellung im Mittelpunkt. Zudem kommt es darauf an, die Erzählung mit dem überraschenden Eintreffen Hedwigs im Muggelalltag gut zu eröffnen. Den Schluss der Erzählung kann eine erste Begegnung mit Harry, ebenso wie das bloße Eintreffen in Hogwarts bilden.

Für die Vorbereitung eignen sich neben den Lernspielen „Reisefieber" und „Um Mitternacht in Hogwarts" folgende Arbeitsblätter:

Thema	Arbeitsblatt (M)/Arbeitsauftrag
So klingt Harrys Schulweg (Fantasiereise)	M 22/1, 2
Vertretungsstunde bei einem Hogwarts-Lehrer (der plötzliche Einbruch der Zauberwelt in den Alltag)	M 26/2
Wir schlüpfen ins Buch	M 34/1, 2

Hinweise zu den Lernspielen

Die Lernspiele ergänzen die Arbeitsblätter, können aber auch unabhängig davon benutzt werden. Es bietet sich an, das Material vor Gebrauch zu laminieren. Die folgende Übersicht informiert über die Voraussetzungen und die didaktische Funktion der Spiele.

Titel	Didaktische Funktion	Voraussetzungen
Wer kennt Hagrid	• *eine Romanfigur kennen lernen* • *die Perspektive einer Figur übernehmen* • *sprachliche und szenische Artikulation*	*Lektüre bis S. 90*
Flohmarkt in der Winkelgasse	• *Gestalt und Bedeutung von Adjektiven erfassen* • *Formen unterscheiden: Positiv, Komparativ, Superlativ, nominalisiertes Adjektiv, zusammengesetztes Adjektiv*	• *Grammatik: Adjektive* • *Lektüre des Kapitels „In der Winkelgasse" (S. 70–98)*
Reisefieber	• *Erlebniserzählungen (mündlich/schriftlich)* • *Erzählungen spontan umgestalten, auf Einwürfe reagieren*	*Lektüre bis S. 90*
Um Mitternacht in Hogwarts	• *Geschichten miteinander verknüpfen* • *ein Romankapitel um eigene Ideen bereichern*	*Lektüre bis S. 198*
Vorher oder nachher?	• *Romaninhalt in Einzelheiten erfassen* • *Handlungselemente ordnen*	*Lektüre des gesamten Romans*

Arbeitsmaterialien

Kleines Vorwort für Schüler

Hallo!

Falls du „Quidditch" für einen Schokoriegel hältst und meinst, „Harry Potter" sei der neue Stürmerstar bei Schalke, lass besser die Finger von diesem Material. Wenn du dich aber im Unterricht gerade mit „Harry Potter und der Stein der Weisen" beschäftigst, dann sind die folgenden Seiten genau das Richtige für dich.

Hier findest du:

Hilfreiche Lesetipps
Außergewöhnliche Aufgaben
knifflige **R**atespiele
k**R**asse Kommentare
s**Y**mpathische Romanfiguren

Prickelnde Texte
Ohrenbetäubende Hörszenen
starke **T**agebuchnotizen
heiße **T**ipps für eigene Erzählungen
bühn**E**nreife Spielszenen
sinnvolle Lösungsvo**R**schläge

Die „Harry-Potter"-Mappe

Dein Lehrer wird dir sagen, wie du mit diesen Arbeitsblättern umgehen sollst. Lege dir zunächst einen Hefter im A4-Format zu. Darin sammelst du sämtliche Arbeitsblätter und Ergebnisse deiner Beschäftigung mit „Harry Potter" – also Bilder, Texte und vieles mehr. Zeichne ein schönes Titelbild für das Deckblatt deiner Mappe und hefte die Arbeitsergebnisse der Reihe nach ab. Notiere auf dem **Freiarbeitsplan**, welche Aufgaben du an welchen Tagen bearbeitet hast.

Die Aufgaben

Auf jedem Arbeitsblatt findest du ein paar Aufgaben zu den einzelnen Kapiteln des Buches. Vor jeder Aufgabe steht eine Zahl. Schreibe sie bitte zusammen mit der Arbeitsblattnummer (im Zauberhut oben rechts) auf, wenn du die Aufgabe bearbeitest. Ein Beispiel: M 12/2 bedeutet also „Aufgabe 2 auf dem Arbeitsblatt M 12".
Vor manchen Aufgaben stehen Symbole. Sie bedeuten:

Partnerarbeit:

Arbeite mit einem Partner zusammen. Falls gemeinsame Texte entstehen, sollten die Ergebnisse für beide „Harry-Potter"-Mappen kopiert oder abgeschrieben werden.

Gruppenarbeit:

Arbeite in einer Gruppe. Achtet hier darauf, dass alle Mitglieder der Gruppe ihre Ideen einbringen können, dass niemand ausgeschlossen wird und keiner sich vordrängelt.

Spielszene:

Präsentiert eure Ergebnisse als Spielszene der Klasse. Vielleicht bringt ihr etwas zum Verkleiden oder andere Requisiten – Zauberstab und Besen sind bei diesem Thema sehr gefragt – mit.

Tonaufnahme:

Mit dem Kassettenrekorder könnt ihr Interviews machen, kleine Hörszenen gestalten oder auch nur Geräusche und Klänge aufzeichnen.

Doppelbesen:

Er steht vor den Aufgaben für „Potter"-Kenner. Sie verlangen von euch gute Textkenntnisse und die Bereitschaft, auch einmal eine längere Erzählung oder eine größere Szene zu gestalten. Da nach und nach jeder von euch zum „Potter-Kenner" wird, dürfte euch die Lösung dieser Aufgaben nicht schwer fallen.

Farbpalette:

Fertige ein Bild an, indem du zeichnest, malst oder klebst.

(L) Lösungskontrolle:

Das große „**L**" hinter der Aufgabe zeigt dir, dass du im Lösungsteil nachschlagen kannst. Hier findest du manchmal auch nur Lösungsvorschläge.

Kleine Hilfe

Benutze die „**kleine Hilfe**", wenn dir die Lösung der Aufgabe schwer fällt oder wenn du ein wenig unsicher bist. Ansonsten verzichte darauf!

Spiel:

Vielleicht hat dein Lehrer die Spiele bereits vorbereitet und im Klassenraum aufgestellt. Dann nichts wie los! Wenn du die Spiele bei den Arbeitsblättern findest, schneide die Spielkarten und die Anleitung sorgfältig aus. Bewahre alles gut auf und lege es nach jeder Spielrunde wieder zurück.

Alfs Tagebuch

Ein Junge in deinem Alter wird dich bei der Arbeit begleiten. Er liest selbst gerade „Harry Potter" im Deutschunterricht und erlebt dabei die verrücktesten Abenteuer.

Jetzt aber viel Spaß und viel Erfolg mit „Harry Potter"!

Mein „Harry-Potter"-Freiarbeitsplan

Name: ____________________

Arbeitsblatt Nr.:	Aufgabe Nr.:	Bearbeitet am (Datum):	Partner-/Gruppenarbeit mit:	Lehrerin/Lehrer (Unterschrift):

Arbeitsblätter

Roman	Arbeitsblätter
1. Kapitel: Ein Junge überlebt (S. 5–23)	M 1–M 6
2. Kapitel: Ein Fenster verschwindet (S. 24–37)	M 7–M 8
3. Kapitel: Briefe von niemandem (S. 38–53)	M 9–M 11
4. Kapitel: Der Hüter der Schlüssel (S. 54–69)	M 12
5. Kapitel: In der Winkelgasse (S. 70–98)	M 13–M 19
6. Kapitel: Abreise von Gleis neundreiviertel (S. 99–125)	M 20–M 22
7. Kapitel: Der sprechende Hut (S. 126–144)	M 23–M 24
8. Kapitel: Der Meister der Zaubertränke (S. 145–157)	M 25–M 27
9. Kapitel: Duell um Mitternacht (S. 158–179)	M 28–M 32
10. Kapitel: Halloween (S. 180–197)	M 33–M 34
11. Kapitel: Quidditch (S. 198–211)	M 35–M 36
12. Kapitel: Der Spiegel Nerhegeb (S. 212–234)	M 37–M 40
13. Kapitel: Nicolas Flamel (S. 235–248)	M 41–M 45
14. Kapitel: Norbert, der norwegische Stachelbuckel (S. 249–263)	M 46–M 48
15. Kapitel: Der verbotene Wald (S. 264–284)	M 49–M 50
16. Kapitel: Durch die Falltür (S. 285–312)	M 51–M 53
17. Kapitel: Der Mann mit den zwei Gesichtern (S. 313–335)	M 54–M 58

M 1

Alfs Tagebuch

8.3

Hallo Tagebuch,

bevor dein Papier Seitenstiche kriegt oder eine Gänsehaut über deinen Buchrücken läuft, sage ich es dir lieber sofort: Ich heiße **Alf**!

Ja, richtig gelesen: Alf Decker! – Meine Eltern haben es mir vor ungefähr elf Jahren eingebrockt. Damals hatte Papa eine Vorliebe für Science-Fiction-Filme. Zum Glück hatte er keine Vorliebe für Horrorfilme, sonst hieße ich jetzt Frankenstein Decker oder Dracula Decker.

Meine Freunde nennen mich Alfi und die Typen aus der „C" sagen entweder „Alien" oder „Außerirdischer" oder „Doppeldecker" zu mir: kleine Anspielung auf mein leichtes Übergewicht. Ansonsten habe ich eine Schwäche für Gelfrisuren, knatschbunte Brillengestelle und Schlabber-T-Shirts in XXL.

Als ich heute in Bio mal kurz abschaltete, meckerte der alte Wiedemann sofort: „Komm aus der Umlaufbahn, Alf!" Dabei klebten meine Gedanken ganz tief am Boden, genauer gesagt am dritten Stuhl in der Fensterreihe. Da sitzt nämlich das einzige galaktisch gute, überirdische Wesen der ganzen 6a: Miriam Seidenspinner!!!

Morgen mehr davon!

Alf

1.2 Zeichne ein Bild von Alf in diesen Rahmen!

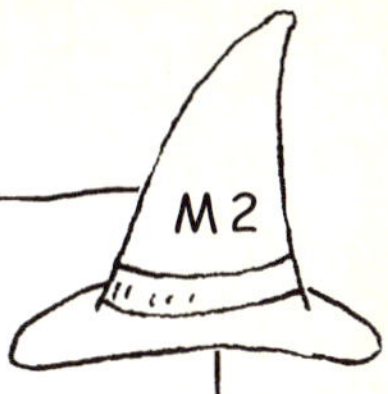

Alfs Tagebuch

12.3

Hallo,
seitdem sie „Harry Potter" liest, bin ich für Miriam Seidenspinner nur noch Luftluftluftluftluft. Dabei habe ich ihr während der letzten Deutschstunde einen Unterm-Tisch-Weitergeber mit zwölf rot gefilzten Herzen, einer XXL-Liebeserklärung und dem Gedicht „Oh Miriam, oh Miriam, mein Herz schlägt nur bei dir Alarm!" zugeschickt. Leider keine Antwort!
Dafür schleppt sie ihren „Harry Potter" sogar in den Pausen mit sich herum, als hätte sie ihre Finger mit Sekundenkleber an die Buchdeckel gepappt. Die Party bei Melissa Buck fällt übrigens morgen auch aus, weil die Mädchen eine „Harry-Potter"-Lesenacht veranstalten wollen. Knut Schwertfeger meint, ich sollte mir auch einen Besen anschaffen und fliegen lernen.

Miriam: *Hochspannung von der ersten bis zur letzten Seite!* ☐

Melissa: *„Harry Potter" ist mir manchmal lieber als Fernsehen und Computer!* ☐

Knut: *Gähn, schnarch, so was Langweiliges!* ☐

Lisa: *Das erste Kapitel war eine Qual. Dann habe ich das Buch erst einmal zur Seite gelegt.* ☐

Patrick: *Mir geht der „Potter"-Rummel auf die Nerven, obwohl ich das Buch ganz gern lese.* ☐

Ellen: *Wenn die Autorin nur so schnell schreiben könnte wie ich lese …* ☐

____

____

____

____

1. Bist du auch von „Harry Potter" begeistert oder stört es dich, wenn andere von ihm schwärmen? Kreuze die Sprech- und Denkblasen der Kinder an, denen du zustimmst. Schreibe in die leere Sprechblase, was du sonst noch über die „Harry-Potter"-Bücher denkst.

2. Schreibe einen Brief an Alf. Tröste ihn und gib ihm ein paar Ratschläge für den Umgang mit Miriam Seidenspinner und „Harry Potter". (L**1**)

M3

Alfs Tagebuch

13.3

Hallihallo,
ich hab's gewusst, „Harry Potter" ist lebensgefährlich! Melissa Buck hatte während der Mathestunde einen „Potter"-Kippelunfall. Genauer gesagt, sie ist beim Kippeln eingepennt und dann gegen den Klassenschrank geknallt. Zum Glück blieb sie unverletzt. Die Lesenacht, so erklärte sie Herrn Stakenkötter, habe wegen der guten Stimmung ein bisschen länger gedauert. Melissas Oma sei als ältester „Potter"-Fan dabei gewesen und habe so wunderbar vorgelesen, dass sogar ihr kleiner Bruder, der Giftzwerg Jörg-Martin, bis Mitternacht aufmerksam zugehört habe ohne zu popeln. Herr Stakenkötter meinte nur, da sehe man, wie ein Buch die Generationen vereine, er selbst sei schließlich auch „Potter"-Leser. Dann hat er uns diese „Potter"-Matheaufgabe gestellt: Wie alt ist Melissas Oma, wenn sie zwölfmal so alt ist wie der fünf Jahre jüngere Bruder der elfjährigen Melissa?

„Potter"-Leser dringend gesucht!

1. Rechne aus, wie alt Melissas Oma ist. Mache dich daheim auf die Suche nach dem jüngsten und dem ältesten „Harry-Potter"-Leser unter deinen Verwandten und Bekannten. Führe ein kleines Interview und frage, was ihnen an „Harry Potter" besonders gefällt. Verleihe ihnen zum Dank für die Auskünfte eine von dir gestaltete Urkunde. (L2)

Alfs Tagebuch

14.3

Grüß dich,
heute kam unsere Deutschlehrerin, Frau Dollhase-Krull (genannt Häschen) mit extrem schlechten Nachrichten in die Stunde: „Wir behandeln ab sofort ‚Harry Potter'." „Wieso denn behandeln?", grinste Sören Finke, „ist ‚Potter' etwa krank?" Ich dachte an Miriam und fügte hinzu: „Er **ist** nicht nur krank, der **macht** auch krank!" Daraufhin durfte ich zusammen mit Sören den Anfang des Kapitels mit dieser Familie Doofley, Dummley oder Dursley abschreiben. Seitdem bin ich Experte für Dudleykunde und Dursleylogie. Vielleicht hilft mir das beim Eindruckschinden in der Seidenspinner-Angelegenheit weiter. Eines weiß ich bestimmt: An Miriam, da bleib' ich dran!

Das Geheimnis der Dursleys
(S. 5, 12, 61)

1. Finde heraus, welches Geheimnis die Dursleys haben. Schreibe es in einer Geheimschrift, die du dir selbst ausdenkst, hier auf. (L **3**)

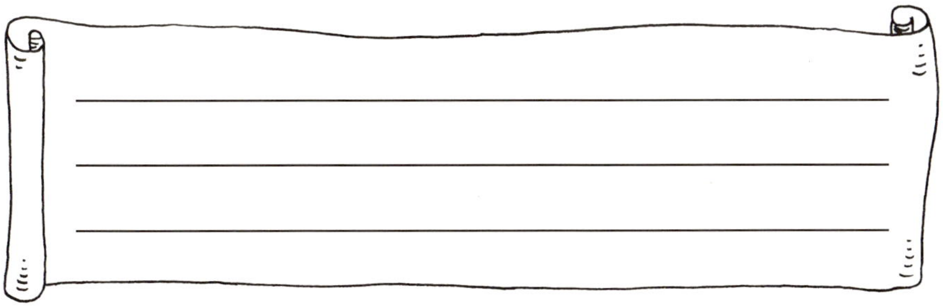

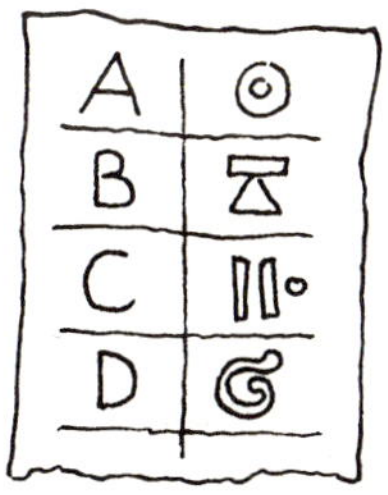

Unheimliche Dinge geschehen

Das ist passiert: eine Katze studiert eine Straßenkarte – Eulen fliegen durch die Luft – …

Das könnte außerdem passieren: Trolle tanzen in der U-Bahn – Gespenster jagen Mr. Dursley mit Bohrmaschinen – …

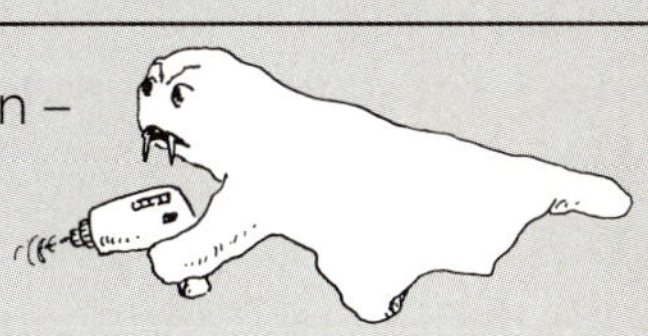

2. Setze diese Liste fort, indem du aufschreibst, welche merkwürdigen Dinge an jenem Tag passiert sind, von dem im ersten Kapitel die Rede ist. (L **4**) Erfinde weitere unheimliche Ereignisse und notiere sie auf einem Blockblatt.

Herr Doktor, Sie müssen mir helfen!

3. Spielt das Gespräch zwischen einem Arzt und dem verwirrten Mr. Dursley. Er erzählt davon, was er tagsüber erlebt hat, und bittet den Arzt um Hilfe.

Die Dursley-Diskussion

Alf, der Dursley-Experte, streitet sich mit Knut über die Eigenschaften von Mr. Dursley. Später kommt Miriam hinzu:

Knut: Mr. Dursley ist ein sehr ordentlicher Mensch, der eine Abneigung gegen schräge Vögel in merkwürdigen Klamotten hat. Na und? Ich finde Markenklamotten auch besser.

Alf: Es geht nicht um Markenklamotten. Vernon ist ein widerlicher Typ voller Vorurteile, der alles hasst, was nicht seinen Vorstellungen entspricht. Der mag bestimmt auch keine Menschen anderer Hautfarbe.

Knut: Immerhin hat er es in seinem Betrieb zu etwas gebracht.

Alf: Indem er seine Mitarbeiter schikaniert.

Knut: Vielleicht auch durch Pünktlichkeit, Fleiß und Korrektheit.

Alf: Sei froh, dass du den Kerl nicht als Lehrer hast. Dursley ist ein ganz und gar fantasieloser Mucksmichel.

Miriam: Streitet ihr immer noch über Mr. Dursley?

Alf: Er will nicht einsehen, dass Vernon ein unmöglicher Mensch ist.

Knut: Er ist ein liebevoller Vater, der seinem Sohn jeden Wunsch erfüllt, weil er nun mal kinderlieb ist.

Miriam: Das nennst du kinderlieb? Ich würde eher sagen, er liebt nur sich selbst. Daher gefällt es ihm, wenn sein kleiner Quälgeist ebenso gemein ist wie er.

Knut: Als Nachbar stelle ich ihn mir jedenfalls sehr angenehm vor. Er hält seinen Garten in Schuss, ist pieksauber und zuverlässig. Wenn der sich mal eine Heckenschere ausleiht, kannst du sicher sein, dass er sie blitzblank zurückbringt.

Miriam: Ich finde, die Autorin hat mit dieser Monsterfamilie maßlos übertrieben. Menschen, die so aussehen und sich so verhalten, gibt es in Wirklichkeit nicht.

Alf: Sie schreibt nun mal mit spitzer Feder. In der Kunst nennt man das Karikatur. Das sind Zeichnungen, in denen mit wenigen Strichen das Besondere eines Menschen durch Übertreibung dargestellt wird.

Miriam: Wie im Comic!

Knut: Durch Übertreibung?

Alf: Ja doch. Nasenverlängerung, Kopfvergrößerung und so weiter. Die wichtigen Dinge werden so sehr vergrößert, dass es lächerlich wirkt.

Knut: Wie gestern an der Tafel, als Sören den Mund von Häschen mit riesigen Schlauchbootlippen gezeichnet hat. Kleine Anspielung auf den abgefahrenen Lippenstift unserer Deutschlehrerin.

Alf: Genau so.

1. Finde heraus, wie die Kinder zu ihren Meinungen gekommen sind. Schlage dazu im Buch nach und suche die Textstellen heraus, die zu den Meinungen der Kinder passen. Trage die Fundstellen – Seite, Zeile – in diese Liste ein (L**5**):

Textstellen, die Mr. Dursley beschreiben

Alfs Meinung	*Textstellen im Buch*	***Knuts Meinung***	*Textstellen im Buch*	***Miriams Meinung***	*Textstellen im Buch*
… Typ voller Vorurteile	S. 7, Z. 17–19 S. 8, Z. 18–19	… ein sehr ordentlicher Mensch	S. 6, Z. 12–26		
		… Abneigung gegen schräge Vögel			

2. Tauscht eure Meinungen über das Gespräch zwischen Alf, Knut und Miriam aus und entscheidet, wer Mr. Dursley am besten beschreibt. (L**6**)

Eine Begegnung mit den Dursleys

3. Stell dir vor, du triffst die Dursleys irgendwo unterwegs. Schreibe in der Ich-Form von dieser Begegnung. Deine Erzählung sollte die Eigenschaften von Vater Vernon, Mutter Petunia und Sohn Dudley deutlich werden lassen. Wähle eine der drei Überschriften:

Im Zug	*Im Supermarkt*	*Auf dem Jahrmarkt*

Kleine Hilfe

So kannst du beginnen: *Ich steuerte mit meinem Einkaufswagen die Wursttheke an, als ich plötzlich das Gezeter eines Jungen hörte: „Igitt! Mama, mag ich nicht!" Dann segelte ein Stück Wurst wie eine Frisbeescheibe über den Kopf der Verkäuferin und landete im Topf mit den Rollmöpsen. Der Junge drehte sich zu mir um und ich sah …*

Übersetzung gesucht!

1. Schon auf der ersten Buchseite findest du das Wort „undursleyhaft“, später auch das Wort „dursleyhaft“. Schreibe auf, was sie bedeuten. (L **7**)

Dudleys Schultasche

2. Du darfst in Dudleys Schultasche stöbern. Fertige eine Liste der Sachen an, die du darin findest. Ganz unten liegt dieser **Terminkalender**. Beschrifte und bemale die Seite so, wie Dudley es gemacht haben könnte.

Schäme dich, Dudley Dursley!

3. Jetzt wird es aber Zeit für eine Strafpredigt. Schreibe sie auf und gehe dabei auf das ein, was Dudley in der letzten Zeit alles getan hat. (L **8**)

Kleine Hilfe

So kannst du beginnen: *Dudley, ich muss mit dir sprechen!*

Vorhang auf für die Dursleys im Zoo

(S. 32–36)

Mitwirkende:
Mr. Hinks, Obertierpfleger im Reptilienhaus
Mrs. Langley, eine mutige ältere Dame mit Regenschirm
Betty Miller, eine Eisverkäuferin
Familie Dursley
Piers Polkiss
Mr. Merchant, Zoodirektor

1. Schlüpft in die Rollen der Mitwirkenden und spielt die Szene im Zoo nach. Erfindet dazu eigene **Dialoge**.

2. Außer der Geschichte mit der Schlange könnten beim Zoobesuch weitere ungewöhnliche Dinge passiert sein. Am nächsten Tag steht jedenfalls eine Menge in der Zeitung. Schreibe einen Zeitungsbericht. Überschriften und Anfänge zur Auswahl findest du hier.

Affenalarm!
Im Zoo der Stadt kam es am späten Nachmittag zu einem Zwischenfall vor dem …

Piers und die Pinguine
„Ich wollte sie doch nur einmal anfassen!“ Mit diesen Worten …

Strolche im Streichelzoo

Softeismaschine überschwemmt Zoo

Jumbo zittert!
Elefant flüchtet vor zwei Zehnjährigen

Alfs Tagebuch

15.3

Tagchen,
Sören meint, „Harry Potter" sei doch ein richtiges Weichei. Wer sich so viel gefallen lasse, habe es nicht besser verdient. Sören hätte sich an „Potters" Stelle schon längst gewehrt und die Dursleys in Kaninchen verwandelt. Miriam bewundert Harry. Andere an seiner Stelle, so sagt sie, wären längst verzweifelt oder psychisch krank geworden. Ich verstehe nicht, warum Harry das alles ohne Widerstand mit sich machen lässt. Wenigstens ab und zu hätte er sich an den Dursleys mit kleinen Zaubereien rächen können.

Wer kann Harry verstehen?

(S. 24–37)

Die Autorin hilft den Lesern dabei „Harry Potter" zu verstehen, indem sie erzählt, was in seinem Kopf vorgeht. Sie schildert uns damit die **innere Handlung**.

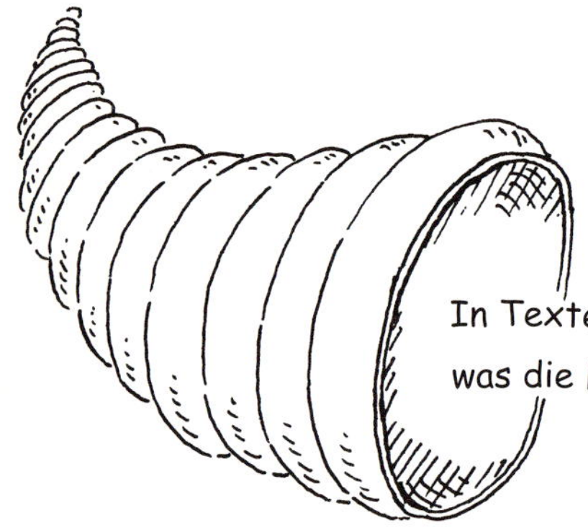

In Texten unterscheidet man eine **äußere Handlung** - die sichtbaren Ereignisse und das, was die Figuren tun - und eine **innere Handlung** - was die Figuren denken, fühlen, wünschen.

1. Markiere Textstellen mit **innerer Handlung** auf den Seiten 24 bis 37, die verraten, was Harry über sich selbst und über sein Leben bei den Dursleys denkt. (L **9**)

2. Fülle die große Denkblase mit Harrys Gedanken und Gefühlen über sich selbst und die Dursleys aus. (L **10**)

3. Hat Harry seine schlechte Behandlung durch die Dursleys (S. 66, Z. 21–28) wirklich nicht besser verdient? Hätte er schon längst zaubern können? Sprecht über die Meinungen von Sören, Miriam und Alf im Tagebuch. (L **11**)

Alfs Tagebuch

16.3

Hallo,
Sören Finke, Melissa und ich drehen den besten „Harry-Potter"-Film aller Zeiten. Wir treffen uns morgen bei Sören im Gartenhaus mit der Videokamera von Melissas Vater. Ich schreibe gerade das Drehbuch für die Szene „Die Nacht auf der Felseninsel". Da wir nur zu dritt sind, muss ich eine Doppelrolle übernehmen: Harry und Mr. Dursley. Melissa spielt Tante Petunia und Sören den Rest. Morgen früh muss ich mein Kopfkissen entweder auswaschen oder ganz rot färben, weil die „Potter-Blitznarbe", die ich mir mit Mamas Lippenstift auf die Stirn gepinselt habe, leider abgefärbt hat.

Kamera läuft!
(S. 52–54)

Alf notiert, was unbedingt ins Bild muss. Dabei möchte er auch Nahaufnahmen einsetzen und mit der Kamera ganz dicht an die Personen und die Dinge herangehen.

Lies den Erzählabschnitt auf Seite 53 von Zeile 5 bis Zeile 15 und zeichne eine Bilderfolge, die deiner Meinung nach dazu passt. Es genügen einfache Strichzeichnungen, die zeigen, was gefilmt werden soll.

Bild 1

Bild 2

Bild 3

Bild 4

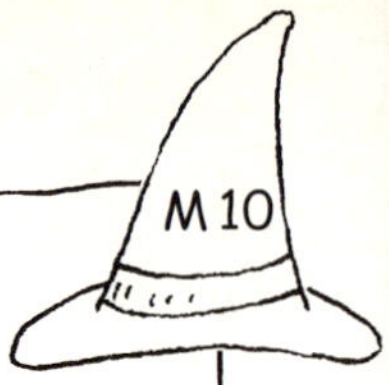

Alfs Tagebuch

17.3

Hallöchen,
wenn Melissa nicht vergessen hätte, eine Kassette in den Rekorder zu legen, hätten wir jetzt den größten Hollywood-Knaller aller Zeiten gefilmt. Andererseits war es vielleicht besser so, denn Sören hatte als Dudley ein Schwanzproblem, weil sein Knete-Teil dauernd durchgebrochen ist. Wir haben ihn dann gegen ein Brühwürstchen aus Finkes Kühlschrank ausgetauscht. Das hat zwar richtig echt ausgesehen, leider hat sich aber Sörens Köter den Schwanz in der Drehpause geschnappt. Als Melissa endlich die Kassette eingelegt hatte, haben wir am Gartenteich noch die Szene gedreht, in der Hagrid und Harry ins Boot steigen. Wir haben nur vergessen, das Radio im Gartenhaus abzustellen, sodass wir jetzt statt Meeresrauschen lautes Hip-Hop-Gequatsche auf dem Band haben, so als hätte der betrunkene Voldemort mit den Dursleys Karneval gefeiert.

So klingt es im Film

Am nächsten Tag hat Miriam eine Geräusche-CD mitgebracht. Die Kinder wollen zu den Bildern passende Geräusche aufzeichnen.

Lies den Textabschnitt von Seite 52, Zeile 28, bis Seite 53, Zeile 32. Notiere auf der Liste, welche Geräusche in welcher Reihenfolge dazu passen. Finde weitere Geräusche für die CD, die zur Szene passen. (L 12)

CD-Titelliste

- ein Morgen auf dem Bauernhof
- vorsichtiges Türenklopfen
- heftiges Türenklopfen
- mildes Wellenrauschen
- Sturmböen an der Küste
- Fenster klappern im Wind
- Meer schlägt gegen Felsen
- Wind heult
- Schnarchen
- Uhrenticken
- Hagel donnert auf das Dach
-
-
-
-
-

Die Nacht auf der Felseninsel

Seite/Zeilen	*Geräusch*

Spannungskurve gesucht

(S. 52/53)

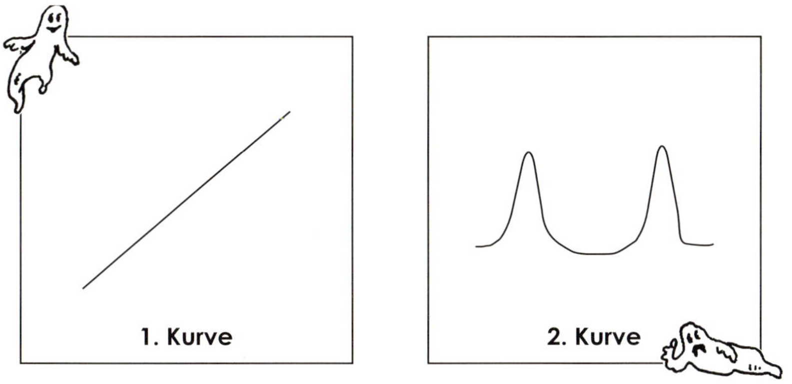

1. Schreibe auf, welche Spannungskurve zur Nacht auf der Felseninsel passt. Begründe deine Entscheidung. Untersuche dazu den Text von Seite 52, Zeile 28, bis Seite 53, Zeile 32. (**13**)

2. Finde heraus, wie die Autorin es schafft, die Szene in der Nacht spannend zu gestalten. Dazu findest du hier eine Auswahl wichtiger Erzählmittel. Schreibe auf, an welchen Stellen im Text (Seite, Zeile) die Autorin diese Mittel benutzt. (**14**)

So kannst du Spannung erzeugen:

a) **die Erwartungen des Lesers auf ein unbestimmtes Ereignis in der Zukunft ausrichten:** kleine Andeutungen machen, dass etwas geschehen wird
b) **alle Sinne des Lesers ansprechen:** beschreiben, was man hören, sehen, riechen, schmecken kann
c) **anschaulich darstellen:** Adjektive einsetzen
d) **mit Steigerungen arbeiten:** Adjektive im Komparativ benutzen (Beispiel: schneller, lauter …)
e) **die Zeit dehnen:** einen in Wirklichkeit kurzen Zeitabschnitt ausführlich darstellen
f) **die innere Handlung einer Romanfigur darstellen:** schreiben, was jemand denkt und fühlt
g) **die Umgebung als bedrohlich darstellen:** zahlreiche unangenehme Einzelheiten beschreiben
h) **Situationen wählen, die dem Leser als unheimlich bekannt sind:** Dunkelheit, Einsamkeit, Gewitter …

Die Bilder in Harrys Kopf

3. An zwei Stellen möchte Miriam die „Bilder" in Harrys Kopf, die innere Handlung also, auf der Seite 53 verfilmen. Schreibe auf oder zeichne, was hier zu sehen ist bzw. was sich Harry vorstellen könnte. (**15**)

Alfs Tagebuch

19.3

Grüß dich,
Ich bin heute Vierundzwanzigster im „Du-weißt-schon-wer-Quiz" geworden. Außerdem wollte ich Miriam den Zaubertrick mit dem rohen Hühnerei und dem Tischtennisschläger aus dem Zauberbuch „Tricks für Tollpatsche" vorführen. Dazu hatte ich mir extra zwei rohe Hühnereier in meine Schultasche gepackt. Leider hat sich Jeremy Krause in der großen Pause auf der Tasche langgelegt, sodass ich Miriam den Trick später nicht mehr zeigen konnte. Ich muss jetzt schnell los, neue Hefte kaufen!

Lord Voldemort

(S. 63/64)

Voldemort war ein ehemaliger Muggel, der vor etwa 30 Jahren begonnen hat, sich Anhänger zu suchen. Nach und nach hat er in der Zauberwelt die Macht an sich gerissen. Wer sich gewehrt hat, den hat Voldemort umgebracht. Er hat so berühmte Zauberer wie die McKinnons, die Bones und die Prewetts getötet. Auch in Hogwarts trieb er sein Unwesen und selbst Dumbledore, der Hausmeister der Schule, hatte mächtig Angst vor dem Kerl. Harrys Eltern waren als Hexen und Zauberer das, was Jeremy Krause in Mathe ist: Nullnummern, ziemliche Versager also. In Hogwarts waren sie allerdings die Klassenbesten. Jedenfalls hat Voldemort viele Versuche unternommen, sie auf seine Seite zu bringen. Voldemorts Seite wird übrigens die „blasse Seite" genannt. Jedenfalls ist er an Halloween zu Harrys Eltern gekommen und hat sie umgebracht. Übrigens hat Voldi damals dem kleinen Harry eine Blitznarbe auf die Stirn gezeichnet, das ist so 'ne Art Zaubertattoo.

1. So hat Alf die Geschichte von Voldemort im „Du-weißt-schon-wer-Quiz" erzählt. Unterstreiche die Fehler. (L **16**)

Tante Petunia

(S. 61)

2. Finde heraus, warum Tante Petunia „Harry Potter" nicht mag. Lies dazu Seite 61 und schreibe die Antwort auf. (L **17**)

Kleine Hilfe

So kannst du beginnen: *Es gibt mehrere Gründe dafür, dass Tante Petunia Harry nicht mag. Angefangen hat alles …*

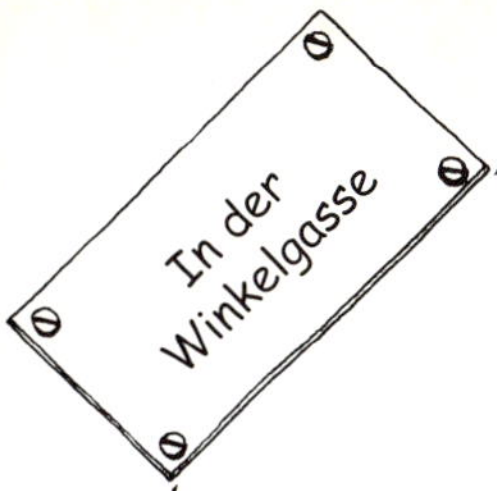

In der Winkelgasse

(S. 70–98)

Lies aufmerksam die Seiten 80 bis 81, hier erfährst du etwas von Harrys Besuch in der Winkelgasse.

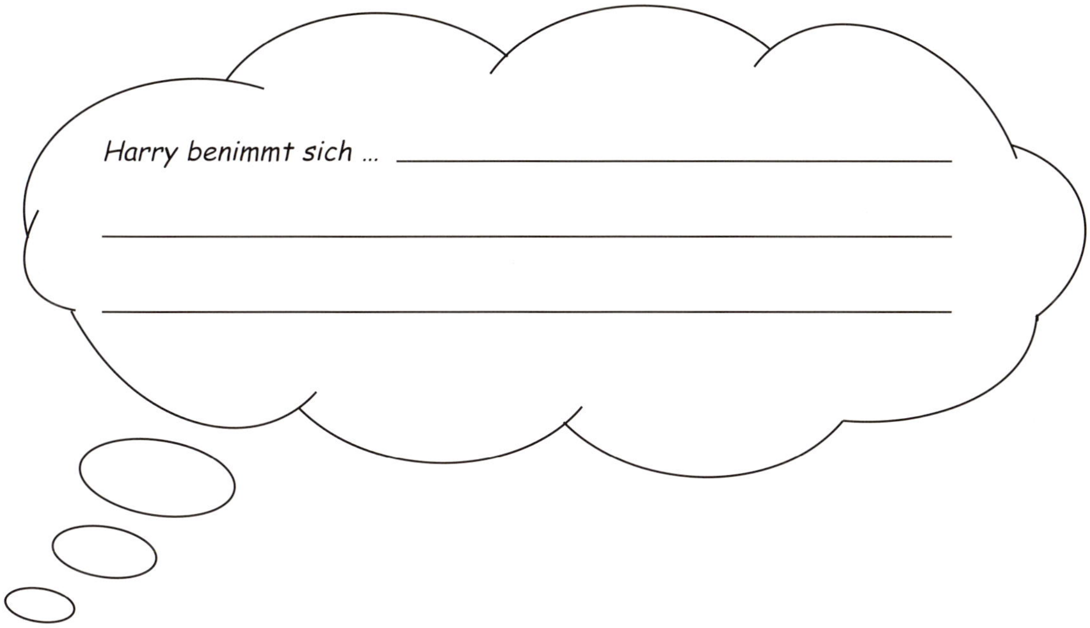

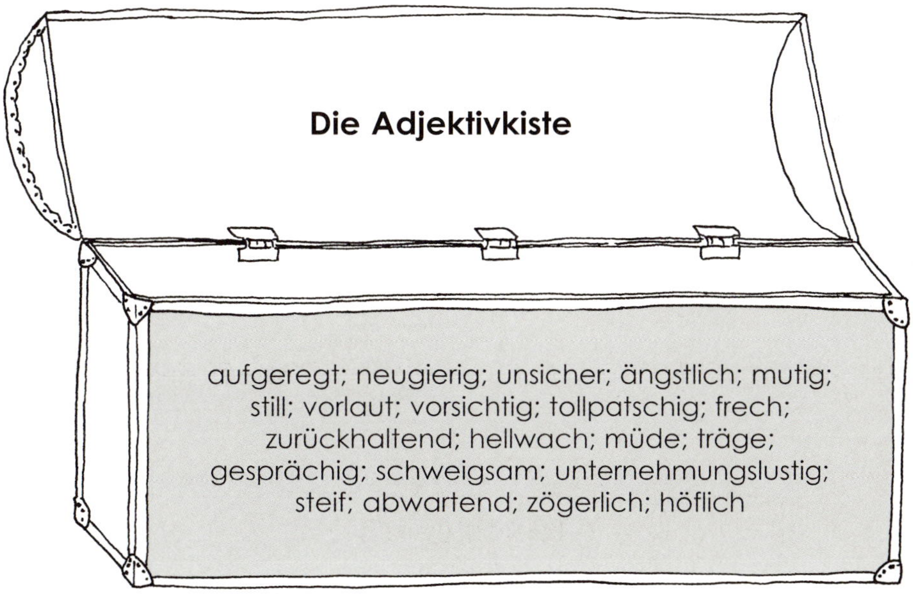

1. Hagrid beobachtet, wie sich Harry in der Winkelgasse fühlt und benimmt. Fülle dazu die Denkblase mit ein paar passenden Adjektiven aus der Kiste. (L **18**)

2. Schreibe eine Seite in Harrys Tagebuch. Darin erzählt der Junge von seinen Eindrücken und Gefühlen beim Besuch der Winkelgasse.

Alfs Tagebuch

20.3

Hallöle,
heute sind wir durch die Winkelgasse gelatscht. Natürlich nur in der Fantasie! Wir mussten die Augen schließen, ganz still sein und uns vorstellen, wie wir an den Schaufenstern vorbeigehen. Später wollte Häschen wissen, was wir gesehen hatten. Sören hatte Zauberer in Schlabberhosen gesehen, die einen Scater-Besen für die Halfpipe testeten, Belinda hatte ein Schaufenster mit Bauchnabel-Piercings für Hexen entdeckt und ich habe die Fantasiereise vorzeitig abgebrochen: Wer schließt schon freiwillig die Augen, wenn das schönste Muggelmädchen der 6. Klasse vor dir sitzt – Miriam Seidenspinner!!!!

Ein Laden in der Winkelgasse

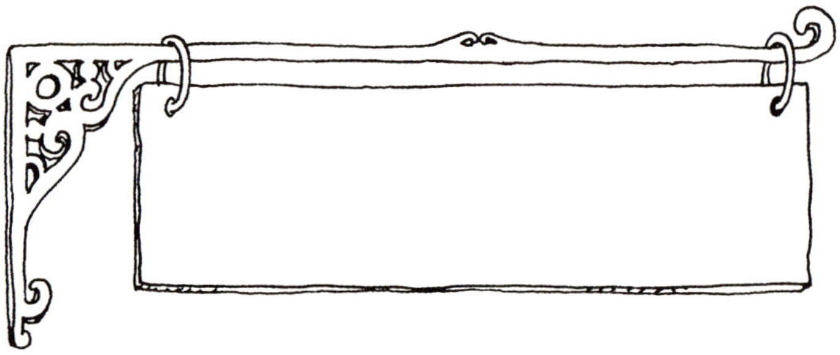

1. So könnte ein Ladenschild in der Winkelgasse aussehen. Male es aus und trage den Namen des Ladens ein. Du kannst ihn dir ausdenken oder aus dem Buch übernehmen.

2. Zeichne hier, was man im Schaufenster dieses Ladens sehen kann.

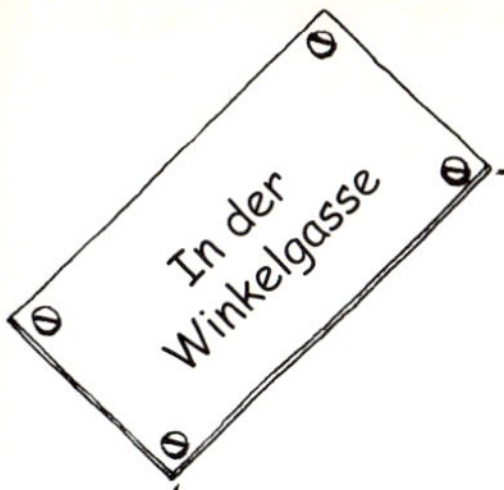

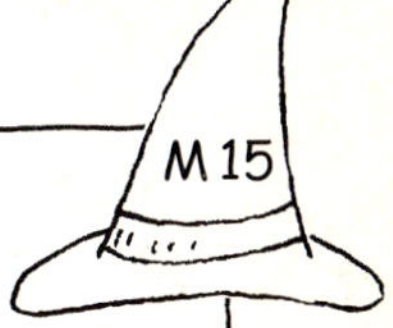

Winkelgassen-Wegweiser
(S. 80–96)

Stell dir vor, du bist in der Winkelgasse, ein kleiner Zauberer steht plötzlich vor dir und fragt dich nach dem Weg: „Wo geht es zum Sportgeschäft *‚Qualität für Quidditch'*?"

1. Schreibe deine Antwort hier auf, indem du dir einen Weg zum Kaufhaus ausdenkst. Benutze dabei die Namen vieler Läden, die du auf den Seiten 80 bis 96 nachlesen kannst. (L **19**)

Meine Wegbeschreibung:

____

____

____

____

____

So klingt es in der Winkelgasse

2. Stell dir vor, du befindest dich mit einer Partnerin oder einem Partner und einem Kassettenrekorder in der Winkelgasse.

Bespielt eine Kassette entweder

a) ein paar Minuten lang mit Gesprächsfetzen und anderen Geräuschen, die du in der Winkelgasse hörst. Ihr könnt dazu im Buch nachlesen (S. 80–81; S. 90–91), aber auch eigene Gespräche, Ausrufe und Geräusche erfinden.

oder

b) mit einem Winkelgassen-Interview. Dazu schlüpft einer von euch in die Rolle eines Reporters, der ein paar Besucher der Winkelgasse (vom Partner gespielt) befragt.

Besuch bei Gringotts

(S. 80–86)

Alf hat das Kapitel gerade gelesen und erzählt:

Im Hof der Kneipe zum „Brodelnden Kessel" klopft Hagrid mit der Spitze seines Stockes dreimal gegen eine Mauer. Ein Spalt öffnet sich und gibt den Weg auf die Winkelgasse frei. Während sich Harry noch ein wenig in der neuen Umgebung umschauen möchte, drängt Hagrid ihn dazu, Geld von der Zauberbank zu holen. Beide begeben sich zu „Gringotts", einem pechschwarzen Haus, das hoch über die kleinen Läden hinausragt. Vor der Tür wacht ein Kobold, ein kleines Wesen mit Bart und kleinen Füßen. Hagrid gibt einem anderen Kobold in der Bank einen goldenen Schlüssel. Er teilt ihm mit, dass er Geld aus „Harry Potters" Safe entnehmen möchte. Auf einem kleinen Schienenkarren fahren Harry und Hagrid, begleitet von einem Drachen, tief unter die Erde. Hinter einer Tür finden sie eine Kammer voller Goldmünzen, Silbermünzen und kleiner bronzener Knuts, die alle Hagrid gehören. Hagrid erklärt Harry die Bedeutung dieser Währung für das Zauberreich, anschließend machen sie sich auf den Rückweg und besuchen dabei ein besonderes Verlies. Dabei erzählt ihnen der Kobold von den Sicherheitsvorkehrungen, die es keinem Fremden erlauben, in das Hochsicherheitsverlies siebenhundertundneunzehn vorzudringen. Harry bemerkt auf dem Boden dieser Kammer nur ein mit Briefmarken beklebtes Päckchen, das Hagrid anschließend aufhebt und mitnimmt.

1. Alfs Text enthält sieben falsche Aussagen. Unterstreiche die sieben Fehler und notiere, was jeweils eingesetzt werden muss. (L 20)

Berichtigung für Alf

____

____

____

____

____

2. Ein paar wichtige Informationen hat Alf in seinem Text vergessen. Schreibe auf, was fehlt. (L 21)

So schmeckt es in der Winkelgasse

Während ein paar junge Zauberer nebenan bei „Mac Hex“ ihre Hokusburger verdrücken, herrscht im Lokal „Zum Brodelnden Kessel“ Hochbetrieb. Die Kellner flitzen auf ihren Servierbesen durch die Luft, an Tisch 13 beschwert sich ein Zauberer darüber, dass in seiner Insektenkaltschale keine einzige Fliege schwimmt, und in der Hexenküche bringen die Eulen vom Feinschmecker-Flugdienst gerade eine Ladung frischer Drachenzungen.

1. Hier findest du die leere Speisekarte des Lokals „Zum Brodelnden Kessel“. Fülle sie aus.

2. Schreibe in Partnerarbeit einen Text für eine Szene aus dem „Brodelnden Kessel“. Spielt sie anschließend mit verteilten Rollen vor.

Alfs Tagebuch

21.3

Tagchen,
als ich Sören von meiner Taschengeldkrise erzählte, schlug er vor, wir sollten zusammen einen Bestseller schreiben und reich werden. Das geht angeblich ganz einfach. Morgen holen wir uns die zehn beliebtesten Krimis aus der Stadtbücherei, kopieren die besten Seiten und heften sie zu einem elften Krimi zusammen. Den verkaufen wir dann. Mrs. Rowling hat es mit „Harry Potter" scheinbar auch nicht anders gemacht. Ihr Winkelgassen-Kapitel klingt so, als habe sie es aus alten Märchenbüchern abgepinnt und zusammengepappt.

Das sind ja alte Hüte, Mrs. Rowling!
(S. 80/81, S. 90–96)

Wenn du die Seiten 80/81 und 90 bis 96 aufmerksam liest, wirst du feststellen, dass die Autorin von vielen Dingen erzählt, die du vielleicht schon aus Märchen, aus Fantasygeschichten, aus anderen Erzählungen oder aus Filmen kennst. Wenn sie etwa davon schreibt, dass Hexen auf Besen reiten, dann ist dir das bestimmt längst bekannt, ein „alter Hut" sozusagen. Manches aber klingt überraschend, ganz frisch erfunden.

1. Zeichne einen großen „alten Hut" und eine große „Glühbirne".
   Notiere im „alten Hut" alles das, was dir bereits bekannt vorkommt. Trage in die „Glühbirne" die neuen Ideen der Autorin ein. Schreibe immer die Seitenzahl hinter die Notizen. (L 22)

2. Sprecht darüber, ob Mrs. Rowling im Winkelgassen-Kapitel einfallsreich schreibt oder – wie Sören meint – nur aus Märchenbüchern abgeschrieben hat und den Lesern „alte Hüte" präsentiert.

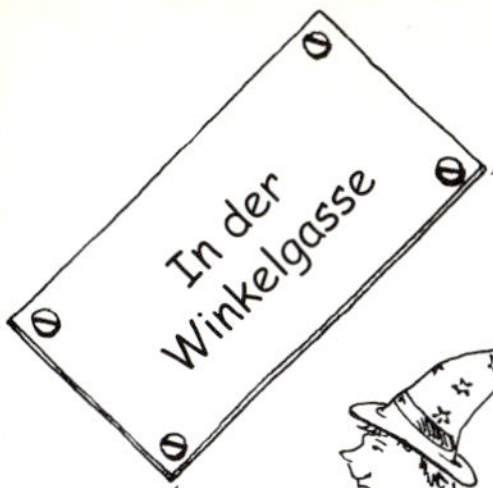

Der Zauberbesen

(S. 81)

Auf der Seite 81 erfährst du von einem Geschäft für Zauberbesen, vor dem sich einige Jungen in Harrys Alter die Nasen platt drücken.

1. Fertige ein Werbeplakat für einen Zauberbesen an. Gib dazu dem Besen einen Namen, zeichne ihn auf ein Plakat und füge entweder

a) ein paar eigene Werbesprüche und Informationen hinzu

oder 

b) Werbesprüche aus Illustrierten, die du ausschneidest und aufklebst (gut eignet sich hier die Autoreklame).

Eine Spielszene im Besenladen

2. Bildet Gruppen und spielt Verkäufer und Kunden im Geschäft für Zauberbesen. Probt eure Szene und führt sie anschließend der Klasse vor. In der Theaterkiste findet ihr ein paar Anregungen für die Spielszene.

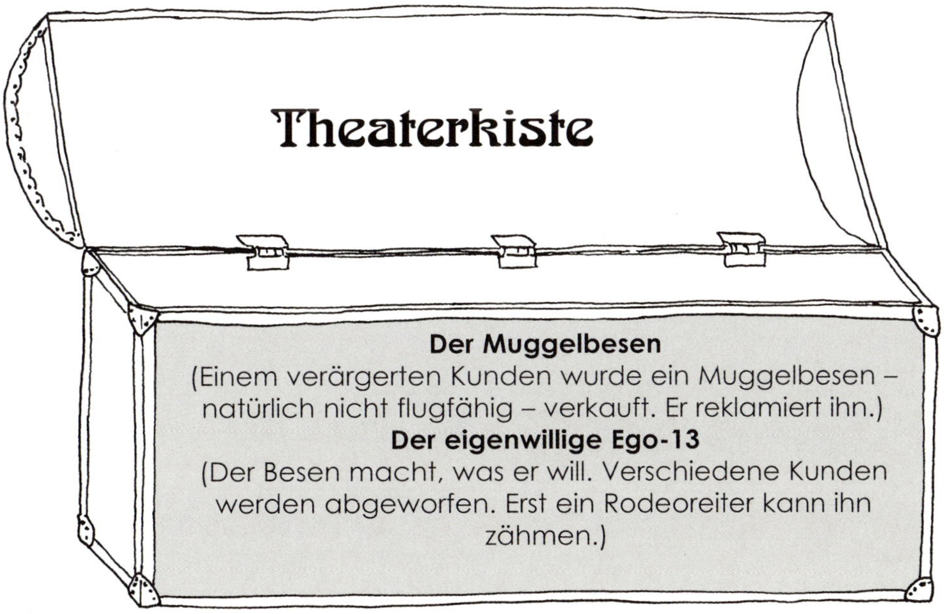

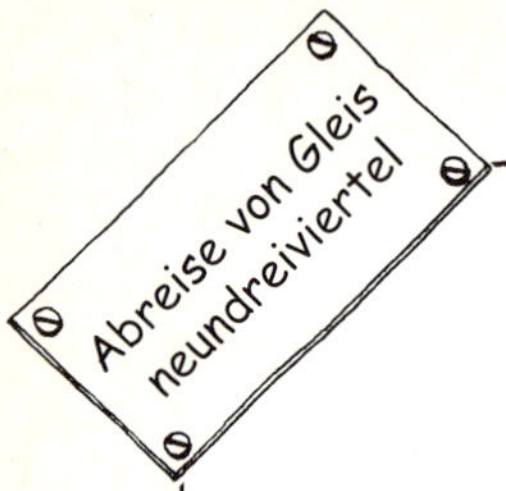

M 20

Alfs Tagebuch

22.3

Hallihallo,
Edgar Brömmelmeier sammelt auf dem Schulhof Unterschriften für einen Draco-Malfoy-Fanclub. Er fand Draco sofort unwiderstehlich. Wahrscheinlich liegt es daran, dass er ihm sehr ähnlich ist.
In der Angelegenheit Miriam Seidenspinner komme ich zurzeit nur schleppend weiter, genauer gesagt: Schultasche schleppend. Ich trage ihren Eastpack und darf sie dafür bis zur Bushalte begleiten. Nicht schlecht, oder?

Harry und Ron – Das Gespräch im Zug –

(S. 109–116)

Ron Weasley …	**stimmt genau!**	**stimmt nicht!**
… interessiert sich für Harry.	☐	☐
… zeigt Verständnis für Harrys Situation.	☐	☐
… benimmt sich aufdringlich.	☐	☐
… ist neugierig.	☐	☐
… redet nicht viel.	☐	☐
… gibt mächtig an.	☐	☐
… ist manches peinlich.	☐	☐
… gibt Harry wertvolle Informationen.	☐	☐
… macht sich wichtig.	☐	☐
… himmelt Harry an.	☐	☐

1. Untersuche das erste Gespräch im Zug zwischen Ron und Harry bis zum Eintreffen von Neville und Hermine und kreuze die richtigen Antworten an. (L **23**)

Draco Malfoy

Im Zug kommt es zur zweiten Begegnung zwischen Harry und Draco (S. 120–122). Bereits in der Winkelgasse trafen die beiden Kinder aufeinander (S. 86–88).

2. Schreibe Harrys Tagebuch über diese Begegnungen mit Draco.

Kleine Hilfe

So kannst du beginnen: *Hallo Tagebuch, heute habe ich im Zug den Jungen aus dem Laden von Madam Malkin getroffen …*

Hilfe, Hermine!
(S. 117–118)

1. In Alfs Klasse tauscht man Meinungen über Hermine aus. Kreuze die Sprechblasen an, denen du zustimmst. Fülle weitere Sprechblasen mit deiner Meinung über Hermine aus.

2. Stell dir vor: Hermine Granger kommt als neue Schülerin in deine Klasse. Schon in der ersten Stunde benimmt sie sich unmöglich. In der großen Pause sprecht ihr in einer Gruppe über Hermine. Schreibt einen Rollentext für das Gespräch und spielt es anschließend vor.

3. Auf der Seite 189 sagt Ron, dass niemand Hermine ausstehen kann.
Finde heraus, wie er zu dieser Meinung gekommen ist. Fertige dazu eine Liste möglichst vieler Textstellen an, in denen sich Hermine aus Rons Sicht unmöglich benimmt. (**L 24**)

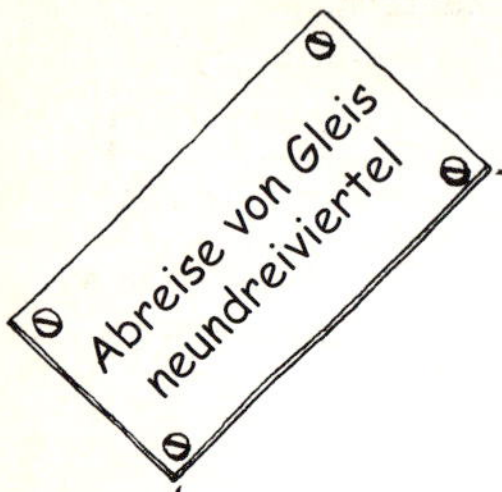

M 22

Ankunft in Hogwarts

(S. 123–125)

So klingt Harrys Schulweg

- das Bremsen der Lokomotive
- die laute Stimme von …

1. Trage in die Zeilen ein, welche Geräusche, Stimmen und Klänge du auf Harrys Schulweg hören kannst. Ein paar Eintragungen findest du bereits. (L **25**)

2. Schließe die Augen und lasse dir von einem Partner die Seiten 123 bis 125 vorlesen. Stell dir dabei alles genau vor. Achte besonders auf die Geräusche, die du hören kannst.

3. Und wie klingt dein Schulweg? Schreibe es auf einem Blockblatt auf.

Kleine Hilfe

So kannst du beginnen: *So klingt mein Schulweg*
Nachdem ich die Haustür/Wohnungstür hinter mir geschlossen habe, höre ich …

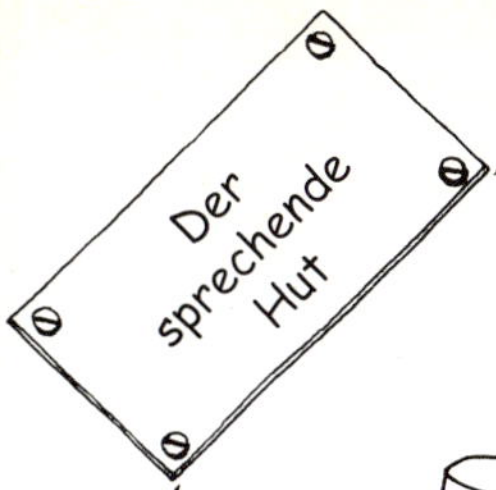

Der sprechende Hut

(S. 130–135)

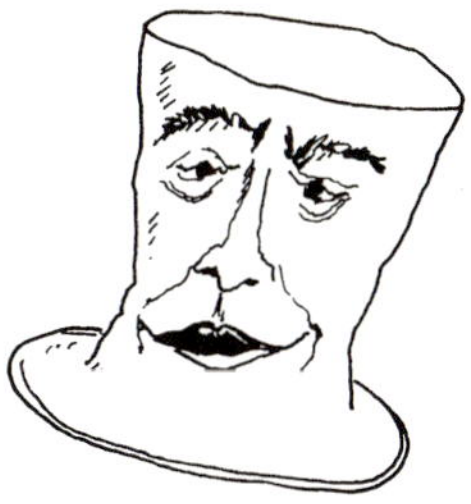

Interview mit Radio Ravenclaw

Radio R.: Sir, Sie arbeiten hier in Hogwarts als sprechender Hut. Ist das eine anstrengende Tätigkeit?

Hut: ____

____

Radio R.: Gab es in früheren Jahren einmal einen lustigen oder auch ernsten Zwischenfall?

Hut: ____

____

Radio R.: Welche Entscheidungen waren in diesem Jahr schwierig für Sie?

Hut: ____

____

Radio R.: Verraten Sie uns bitte, warum Sie „Harry Potter" nach Gryffindor geschickt haben?

Hut: ____

____

Radio R.: Stimmt es, dass Ihr Lied „Ihr denkt, ich bin ein Hut" demnächst bei Eulen-Records als CD erscheinen wird und Sie von einer Showkarriere in der Zauberwelt träumen?

Hut: ____

____

Schreibe die Antworten des Hutes auf. Ergänze das Interview auf einem Blockblatt mit eigenen Fragen und Antworten. Nimm es zusammen mit deinem Partner mit dem Kassettenrekorder auf oder sprecht es mit verteilten Rollen der Klasse vor.

Stell dir vor, an deiner Schule werden zehn neue Arbeitsgemeinschaften angeboten. An einer sollst du teilnehmen. Der sprechende Hut kennt dich genau. Wohin wird er dich schicken und wie wird er seine Entscheidung begründen? Schreibe in den Hut, was er zu dir sagt.

Theatergruppe **Zirkusakrobatik** **Arbeiten mit Ton** **Schulgarten** **Leseclub**

Kochen **Volleyball** **Selbstverteidigung** **Malerei** **Mathematik**

Die Hogwarts-Pinnwand

1. Ein Zettel passt nicht hierher. Wenn du den Roman bis zur Seite 252 gelesen hast, findest du bestimmt heraus, um welche Nachricht es sich handelt. Schreibe die Antwort auf und begründe deine Entscheidung. (L **26**)

2. Fertige mit einem Partner eine große Hogwarts-Pinnwand mit erfundenen Hogwarts-Nachrichten an. Dazu eignen sich ein Zeichenblock, auf den du Zettel klebst, oder eine richtige Korkpinnwand. Gestaltet anschließend eine kleine Pinnwand-Ausstellung. Natürlich könnt ihr dort auch „falsche" oder „unmögliche" Nachrichten verstecken und daraus ein Ratespiel machen.

3. Mit dem folgenden Zettel stimmt etwas nicht. Schreibe auf, warum er so nicht an der Hogwarts-Pinnwand kleben würde. (L **27**)

Die Lehrerinnen und Lehrer

(S. 146–154)

1. Das ist Snapes Lehrerkalender. Was könnte er nach der ersten Zaubertrank-Stunde dort eingetragen haben? Schreibe es auf. (L 28)

2. Stell dir vor, eine Hogwarts-Lehrerin oder ein Hogwarts-Lehrer kommt in einer Vertretungsstunde zu euch in die Klasse. Leider unterrichten sie in einem eurer Fächer. Trotzdem verspricht die Stunde recht zauberhaft zu werden. Schreibe deine Erlebnisse in einer Erzählung mit dem Titel **„Die verflixte Vertretungsstunde“** auf.

Kleine Hilfe

Lies genau nach und finde heraus, welche Eigenschaften die Romanfigur hat, die du ausgewählt hast.
Gestalte den Anfang gut, indem du deine Gedanken und Gefühle schilderst, wenn plötzlich ein fremder Lehrer in die Klasse kommt.
Beschreibe die Person genau. Kleidung, Gesichtsausdruck, Stimme und Bewegungen sind wichtig.

Alfs Tagebuch

23.3

Hallöle,
Knut meint, unsere Schule müsse eigentlich „Hogwarts 2" heißen. In der Sporthalle hätten wir Regenzauber, weil es da überall von der Decke tropft, und auf dem Schulklo rieche es wegen eines Stinkezaubers nach Bertie-Botts-Bohnen aller Geschmacksrichtungen. Nur er selbst hoffe seit der letzten „Fünf" in Mathe vergeblich auf einen Mega-Intelligenzzauber.

Der große Schulvergleich

In Hogwarts	***An unserer Schule***
gibt es …	*wird das so gemacht …*
ein Internat (Schüler wohnen in der Schule)	
eine Schuluniform	

1. Vergleiche Hogwarts mit deiner Schule. Du wirst feststellen, dass dort vieles ganz anders ist, manche Dinge aber auch ähnlich. Fülle dazu die Tabelle aus. Übrigens: Das Thema **„Zauberei"** solltest du **ausklammern**.

2. Sprecht anschließend darüber, ob es gut ist, Dinge aus Hogwarts zu übernehmen. Wie wäre es etwa mit einer Schuluniform?

Sechs Meinungen übers Fliegen

(S. 158/159)

„Harry Potter“:

Draco Malfoy:

Ron Weasley:

Neville Longbottom:

Hermine Granger:

Seamus Finnigan:

1. Lies die Seiten 158 und 159 und schreibe auf die Karten, was die Kinder über das Thema **„Fliegen“** denken. (L **29**)

Das Interview mit dem Flugkünstler

2. Schreibe mit einem Partner ein Interview mit Draco Malfoy. Darin erzählt er von seinen Flugerlebnissen und Flugkünsten. Natürlich übertreibt er dabei. Nehmt es mit dem Rekorder auf.

Die erste Flugstunde – der „Hogwarts-Heuler“ berichtet

(S. 160–165)

„Potters“ Pilotenpleite

– ein Bericht von Millicent Bulstrode –

Es gibt Typen, die sollten den Besen besser an die Wand hängen oder zum Fegen benutzen. Zu ihnen gehört der Gryffindor-Neuling Neville Longbottom. Während der ersten Flugstunde klebte das Muttersöhnchen nach einem Blitzstart an seinem Besen wie eine Bertie-Botts-Bohne an der Zunge. Plötzlich wählte Neville den Notausstieg und zog es vor, den gepflegten Hogwarts-Rasen umzupflügen, während sein Flieger allein in den Wolken trieb. Der junge Besen-Pilot wurde anschließend im Krankenzimmer behandelt.

Dann kam „Potters“ Vorstellung. Der Angeber übertrat das Flugverbot von Madam Hooch, weil er wohl vor den anwesenden Gryffindor-Girlies die große Flugschau abziehen wollte. Jedenfalls drehte er sich auf seinem Besen wie eine beschwipste Fliege im Ventilator. Und wenn Draco Malfoy, einer unserer besten Flieger, ihm nicht hinterher geflogen wäre und ihm zugerufen hätte, wie er seinen Knüppel halten muss, dann hätte „Potter“ einen zweiten Krater in unseren gepflegten Hogwarts-Rasen gegraben.

1. Vergleiche die Ereignisse während der ersten Flugstunde auf den Seiten 160 bis 165 mit dem Bericht von Millicent Bulstrode. Schreibe einen besseren Zeitungsbericht – einen, der der Wahrheit entspricht – für den „Hogwarts-Heuler“. (**L 30**)

So geht's nicht, Millicent!

2. Schreibe einen Leserbrief an den „Hogwarts-Heuler“, in dem du deine Meinung zu dem Artikel von Millicent mitteilst.

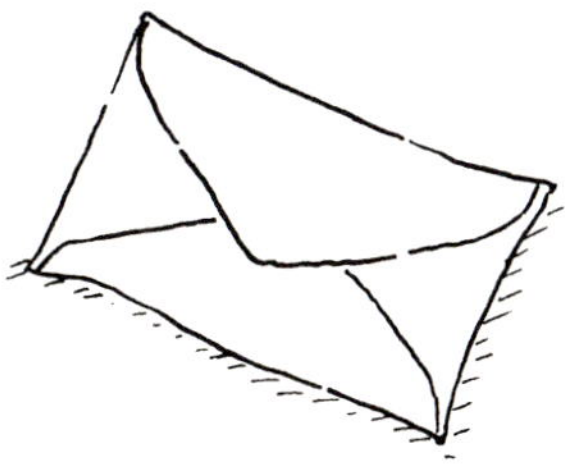

Armer Harry?

(S. 165/166)

Nach Harrys erstem Besenflug wird er von Professor McGonagall vom Platz geholt. Während Harry die schlimmste Bestrafung auf sich zukommen sieht, kommt alles ganz anders …

1. Schreibe hier die Textstellen von den Seiten 165 ab, in denen die Autorin Harrys Angst schildert. (L 31)

Ein laaaaaaaaaaaanger, laaaaaaaaaaanger Weg für Harry

leeres Klassenzimmer

Korridor

Vordertreppe

Grasplatz

Marmortreppe

Gänge

Klassenzimmer von Professor Flitwick

2. An dieser Stelle (S. 165/166) arbeitet die Autorin mit **Zeitdehnung**, indem sie Harrys Weg ins Schloss in allen Einzelheiten darstellt. Ordne die einzelnen Wegstationen der Reihe nach. Schneide sie aus und klebe sie hintereinander auf einem Blockblatt auf. (L **32**)

Alfs Tagebuch

26.3

Grüß dich,
Felix Deppe hat heute mit Jeremy Krause einen „Harry-Potter"-Modernisierungsverein gegründet. Ihre erste Forderung lautet: Handys nach Hogwarts! Felix meinte in der Deutschstunde, es wäre doch krass, wenn sich Harry und Ron telefonisch verständigen könnten oder wenn Dracos Einladung zum Zaubererduell als SMS käme. Miriam protestierte: Ohne die Eulen gehe doch die ganze zauberhafte Stimmung verloren. Es sei tausendmal romantischer, wenn eine Eule mit einem Liebesbrief angeflattert kommt, als wenn das Handy piept. Bei dem Wort „Liebesbrief" hat sie mir einen extrem langen Blick zugeworfen.

Das Zaubererduell

(S. 169–179)

Auf dem Schulhof diskutieren Felix, Jeremy und Alf über das Kapitel „Duell um Mitternacht":

Felix: *Dieses nächtliche Herumgemurkse auf den Fluren von Hogwarts finde ich schnarch-öde.*
Jeremy: *Genial, Felix, du sagst es.*
Alf: *Und wie hätten die Kinder eurer Meinung nach die geheime Kammer finden sollen?*
Felix: *Hundekacke.*
Alf: *Hundeka ...?*
Felix: *Jeder Wauwau muss irgendwann einmal Gassi gehen, auch der Dreikopfköter.*
Alf: *Na und?*
Felix: *Das Tier macht sein XXL-Geschäft mitten im Flur vor der Geheimtür. Es ist nur 'ne Frage der Zeit, wann Neville da reinlatscht.*
Jeremy: *Genial, Felix!*
Felix: *Den Rest kannst du dann Harrys Nase und seinem Spürsinn überlassen.*
Alf: *Ich weiß nicht ... Als Leser möchte ich nicht gleich schnuppern, wie es in der Geschichte weitergeht. Da ist mir jede überraschende Wendung lieb.*
Felix: *Damit hätte die Autorin aber mindestens fünf Seiten eingespart.*
Jeremy: *Genial, Felix!*
Felix: *Eine gute Story ist zielstrebig, die eiert nicht hin und her zwischen Zaubererduell und Verfolgungsjagd.*
Jeremy: *Da kommt man sofort zur Sache.*
Felix: *Auf den eingesparten Seiten hätten sich Draco und Harry duellieren können.*
Jeremy: *Genial, Felix!*
Felix: *Allerdings nicht mit einem Funkenfeuerwerk, sondern ...*
Jeremy: *Im Kampf mit der Faust, auf Leben und Tod.*
Felix: *Langsam, langsam, Jeremy. Ich denke eher an ein Hightech-Duell mit Laserschwertern ...*
Jeremy: *Und Power-Beamern!*
Felix: *Bis zum letzten Strahl!*
Jeremy: *Mann gegen Mann!*
Felix: *He, wo is'n Alf hingegangen?*

1. Lest das Gespräch mit verteilten Rollen. Dabei soll deutlich werden, dass Jeremy und Felix zum Schluss immer begeisterter von ihren eigenen Ideen werden.

2. Schreibe deine Meinung zu diesem Gespräch auf. Beurteile dabei die Ideen von Felix zu diesem Kapitel.

Eine Kette von Zufällen?

der Fette-Dame-Ausgeh-Zufall – der Filch-kommt-ins Pokalzimmer-Zufall – der Sturz-in-die-Rüstung-Zufall – der Tür-schließ-auf-Zufall

1. Finde heraus, welche zwei Ereignisse im Kapitel „Duell um Mitternacht“ in dieser Kette keine Zufälle sind, und erkläre, was mit den einzelnen Zufällen gemeint ist. (L **33**)

Kleine Hilfe

So kannst du beginnen: *Der „Fette-Dame-Ausgeh-Zufall“ bedeutet, dass die fette Dame zufällig in dem Moment nicht in ihrem Bild war, als …*
Dadurch … und musste Harry und Ron begleiten.
Der „Filch-kommt-ins-Pokalzimmer-Zufall“ …

Wenn das Wörtchen „wenn“ nicht wär …

2. Fülle die „wenn-Kästchen“ aus, indem du immer neue Fortsetzungen zum Einleitungssatz findest. (L **34**)

Die Kinder hätten den dreiköpfigen Hund bestimmt nicht entdeckt,

wenn … ____________________

wenn … ____________________

wenn … ____________________

wenn … ____________________

wenn … ____________________

wenn … ____________________

wenn … ____________________

Der Kampf mit dem Troll

(S. 190–197)

1. Stell dir vor, du lauschst an der Toilettentür, während drinnen der Kampf gegen den Troll tobt. Schreibe auf, welche Geräusche und Stimmen du hören kannst. Anregungen findest du auf den Seiten 191 bis 194. (**35**)

Kleine Hilfe

So kannst du beginnen: *Ich höre ein leises Grunzen und das Schleifen …*

2. Schreibe auf, wie Hermine die Freundschaft von Harry und Ron gewonnen hat. Hinweise findest du auf den Seiten 195/196. (**36**)

SMS zwischen Harry und Ron

3. Der „Harry-Potter"-Modernisierungsverein schlägt vor, dass Harry und Ron ihre Meinung über Hermine nach dem Troll-Abenteuer mithilfe von SMS austauschen sollen. Fülle die Handy-Displays aus. Die letzte Nachricht bekommt Hermine von Ron.

1) Ron an Harry: *Was denkst du über Hermine?* ________

____

2) Harry an Ron:

____

____

3) Ron an Harry:

____

____

4) Harry an Ron:

____

____

5) Ron an Hermine:

____

____

Halloween

M 34

Alfs Tagebuch

27.3.

Tag,
Knut will mit mir zusammen „Potter" besuchen. Nicht im Kino. Wir wollen ins Buch einsteigen. Einziges Problem ist unsere Größe. Obwohl Knut mit seinen Einsfünfundvierzig eher gartenzwergmäßig klein ist, müsste er sich dennoch beim Einstieg zusammenfalten. Ich müsste mindestens einen Liter Schrumpfolin schlürfen. In der Physikstunde haben wir uns verschiedene Reisewege ins Buch ausgedacht. Eines Tages wird es uns gelingen ...

Wir schlüpfen ins Buch!

Die Buchrückenrutsche

Die Buchseitenbühne

Der Buchdeckelbohrer

1. Auf den Zeichnungen siehst du, wie sich Alf und Knut den Weg ins Buch vorstellen. Zeichne zwei weitere Einstiege.

2. Stell dir vor, du benutzt einen der Reisewege. Erzähle davon, wie es dir gelingt ins Buch zu schlüpfen. Beginne mit deinen Reisevorbereitungen und schreibe ausführlich über deine „Einstiegstechnik". Deine Erzählung endet, wenn du Harry begegnest.

Alfs Tagebuch

28.3.

Hallo,
das große Muggel-Quidditch in der Sporthalle war ein Riesenmurks. Knuts Besen hatte Haarausfall, Felix hat mit seinem Stiel in der Sprossenwand festgesessen und immer nur gejammert: „Es klemmt, es klemmt!" Sören hat mit seinem Schrubber die Scheibe der Mädchenumkleide zertrümmert – und da wir als Klatscher sandgefüllte Luftballons hatten, die leider undicht waren, mussten wir die ganze zweite Stunde Sand auffegen. Na ja, wenigstens waren genug Besen da.

Quidditch im Nebel
(S. 198–211)

1. Als Hogwarts-TV von der letzten Hausmeisterschaft berichtete, herrschte leider dichter Nebel über dem Quidditch-Feld. Auf den Fernsehbildern sieht man daher nur ein paar Besen, die mit ihren Flugbewegungen elegante Linien durch den Nebel ziehen. Die Spieler sind jedoch kaum zu sehen. Zeichne so ein Fernsehbild.

Am Mikrofon: Lee Jordan

(S. 204–211)

1. Lies die Reportage von Lee Jordan auf den Seiten 204 und 207 (unten). Schreibe anschließend eine eigene Reportage über das ausgedachte Quidditch-Spiel deiner Klasse gegen die Schüler von Slytherin. Du kannst deine Reportage anschließend der Klasse vorsprechen oder mit einem Rekorder aufzeichnen. Diese Wörter sollten unbedingt vorkommen:

Quaffel – **Klatscher** – **Foul** – **Treiber** – **Kapitän** – **Jäger** – **Tor** – **Schnatz**

Die Sportseite des Tagespropheten

2. Schreibe einen oder mehrere der folgenden Quidditch-Berichte. Benutze auch hier die Fachbegriffe dieser Sportart.

Erst Besenbruch, dann Absturz

Zusammenstoß mit Flugente

Schiedsrichter von Schnatz getroffen

Skandal im Endspiel: Jäger mit Zaubertrank gedopt!

3. Am Ende des Kapitels „Quidditch“ erfahren die Kinder zwei wichtige Namen, außerdem wächst ein Verdacht. Schreibe auf, was gemeint ist. (L **37**)

Auf der Suche nach Nicolas Flamel

(S. 215/216)

1. Schreibe auf, warum die Kinder herausfinden möchten, wer Nicolas Flamel ist. (L **38**)

Magischer Murks

Detlef der Depp (1512–1588)

Er stolperte bei dem Versuch, Kuhfladen in Magermilchjoghurt zu verwandeln, so unglücklich über seinen Zauberstab in den Kuhfladen, dass er vor Schreck den Zauberspruch verwechselte und ihm statt Joghurt plötzlich ein Bienenschwarm ...

Die vergessliche Vera (1840–1921)

____
____
____
____
____
____

Alfred der Angeber (1907–1977)

____
____
____
____
____
____

Der wilde Walter (1208–1288)

____
____
____
____
____
____

2. Stell dir vor, in der Bücherei steht neben den „Großen Zauberern des zwanzigsten Jahrhunderts" auch das Buch **„Magischer Murks: Die großen Versager"**. Fertige die Steckbriefe der drei Versager nach dem Beispiel von „Detlef der Depp" an. Notiere jeweils, was sie mit ihrer Zauberei angerichtet haben. Natürlich kannst du dir auch weitere Versager ausdenken.

3. Auf der Seite 216 wird erzählt, wie sich die drei Kinder in der Bücherei verhalten. Das verrät eine Menge über ihren Charakter. Schreibe auf, was du herausfindest. (L **39**)

Der Spiegel Nerhegeb

M 38

Alfs Tagebuch

29.3.

Hallihallo,
natürlich gibt es das ganze magische Zeugs, Hexen, Geister, Trolle und Zauberer nur in Büchern und in Filmen, höchstens noch in alten englischen Schlössern. Häschen hat uns erzählt, dass viele Menschen aber tatsächlich an Hokuspokus glauben. Sie hat uns eine Geschichte mit dem Titel „Marie und die Magie" vorgelesen. Mit dem Aberglauben der Leute lässt sich richtig Geld verdienen. Knut wollte sofort eine Horoskopfabrik gründen, die nur gute Knaller-Horoskope verkauft. Mir hat er dies hier geschrieben: „Ein Mädchen, deren Name mit ‚M' beginnt und mit ‚iriam' endet, wird Ihnen heftig zublinzeln!" In der Sportstunde beim Waldlauf ist Miriam dann eine Mücke ins Auge geflogen und sie hat jedem aus der Klasse irgendwie heftig zugeblinzelt. Schade ...

Diese Geschichte hat Frau Dollhase-Krull der Klasse vorgelesen:

Marie und die Magie

Alles fing damit an, dass mein nigelnagelneuer Funkwecker ausgerechnet an dem Morgen streikte, als wir die Mathearbeit schreiben sollten. Jemand musste das Miststück verhext haben. Hätte mein Schwesterlein nicht wieder so laut im Bad herumgepoltert, würde ich heute noch weiterpennen.
Ich schüttete mir beim Anziehen eine Überdosis Müsli hinter die Zahnspange, spülte eilig mit Milch nach und überflog beim Taschepacken schnell noch mein Tageshoroskop in der neuen „Glück für Girlies": „Freu dich auf ein krasses Date mit einer süßen Boygroup."
Gerade war ich dabei, Wolke sieben zu besteigen, als ich bemerkte, dass der Kalender im Flur schief hing. Seitdem ich „Vorzeichen für Vorsichtige, Band 3: Unglücksboten lauern überall" gelesen hatte, wusste ich, dass ein Kalender mit Schlagseite mindestens sieben Tage Pech bedeuten würde. So etwas kann man nur ausbügeln, wenn man entweder einen gegrillten Regenwurm verspeist oder mindestens fünfzig Gehwegplatten in der Mitte trifft, ohne ein einziges Mal auf eine Gehwegplattenrille zu latschen.
Ich hätte mich für den gegrillten Regenwurm entscheiden sollen, denn ich übersah beim Gehwegplattentreffen auf dem Schulhof einen Laternenpfahl. Die Situation war einfach umwerfend: Ich lag da wie Schneewittchen und ringsum beglotzten mich die Zwerge aus dem Knabenchor der 5b, die hier auf ihren Musiklehrer warteten.
So hatte ich mir das Date mit der süßen Boygroup nicht vorgestellt, und auch in der Gehwegplattenangelegenheit sah es wegen der XXL-Überbreite meines Hinterteils nicht gut aus.
Also lasteten sieben Tage Pech auf mir, als ich mich die Treppe zum Klassenraum hochquälte und oben auf dem Flur den dicken Bio-Brockmann mit der blauen Brille traf. Herr Brockmann ist eigentlich ganz nett, aber in „Vorzeichen für Vorsichtige, Band 4: Bohrende Blicke und bedenkliche Brillen" hatte ich gelesen, dass man sich vor Menschen mit blauen Brillengestellen hüten soll, weil sie dahinter nur den bösen Blick verstecken wollen. Solche Typen glotzen dich an und im nächsten Augenblick fällt dir ein Dachziegel auf den Kopf, ein Monster zerfleischt dich, du stürzt in eine Erdspalte – oder: Du versemmelst deine Mathearbeit!
Die Stunde hatte bereits angefangen, allerdings ohne Arbeit, denn die hatte Frau Schnieder auf die nächste Woche verschoben, um uns allen noch eine Gelegenheit zum Üben zu geben.
Bei mir ist das nach diesem Katastrophenmorgen allerdings zwecklos. Ich werde mich stattdessen mit „Vorzeichen für Vorsichtige, Band 5: Pommes statt Panik" beschäftigen und erst einmal in Ruhe futtern. Wozu sollte ich denn jetzt noch Mathe pauken, wo alle Vorzeichen gegen mich sprechen. Stimmt doch, oder?

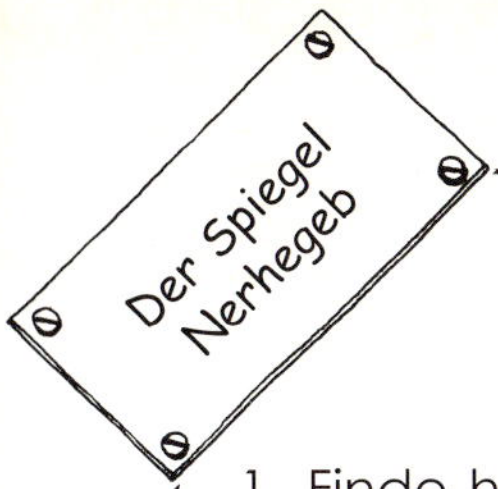

1. Finde heraus, welche Rolle die Magie im Alltag von Marie spielt. Schreibe auf, durch welche magischen Dinge sie sich beeinflussen lässt. (L **40**)

2. Kennst du selbst Dinge, die angeblich Unglück bringen? Schreibe sie auf.

3. Beurteile Maries Entscheidung, nicht mehr für die Mathearbeit zu lernen. (L **41**)

4. Schreibe einen Brief an Marie. Teile ihr mit, was du von ihrem Glauben an Horoskope und von den Tipps in „Vorzeichen für Vorsichtige" hältst. Mache ihr Vorschläge für die Zukunft.

5. Sprecht in der Klasse darüber, welche dieser Meinungen zutreffend ist:

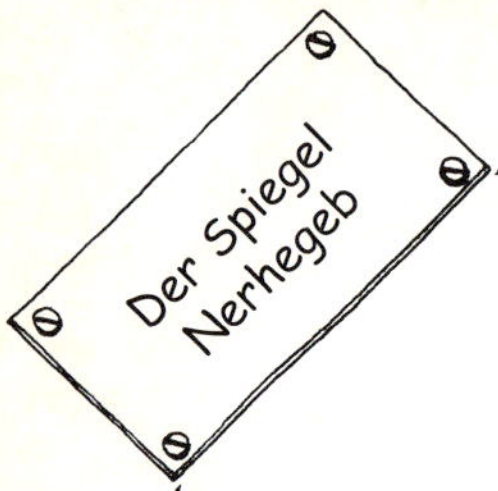

Weihnachten in Hogwarts
(S. 218–223)

1. Zeichne neben den Weihnachtsbaum alle Geschenke, die Harry zu Weihnachten bekommen hat. (L 42)

Ein schreiendes Buch
(S. 225)

2. Als Harry in der Nacht durch Hogwarts schleicht, entdeckt er in der Bibliothek flüsternde und schreiende Bücher. Schau dir diese Buchrücken an und schreibe in die Sprechblasen, was man hören kann, wenn man das Ohr ganz dicht an den Buchrücken hält.

Der Spiegel Nerhegeb

M 40

Alfs Tagebuch

30.3.

Hallo,
heute hat der „Harry-Potter"-Modernisierungsverein wieder einmal zugeschlagen. Felix hat die nächtliche Begegnung Harrys mit Dumbledore auf den Seiten 232 bis 234 total umgeschrieben. Der alte Hogwarts-Chef verpasst Harry erst einmal eine Ohrfeige und verwandelt anschließend seinen Unsichtbarkeits-Umhang in einen Sichtbarkeits-Tanga, in dem Potter für die nächsten drei Tage in Hogwarts herumzittern muss. Übrigens kein Vergnügen, da im Internat gerade die Heizung ausgefallen ist. Filch könnte sie zwar reparieren, hält sich jedoch mit seinem Rodelschlitten zum Wintersport im verbotenen Wald auf.

1. Schreibe einen Brief an Felix und teile ihm darin deine Meinung über seinen Modernisierungsvorschlag mit.

Der Spiegel Nerhegeb
(S. 226–234)

2. Die Geschichte von Felix ist zwar reichlich unpassend gestaltet, sie weist jedoch auf eine wichtige Frage hin: Warum reagiert Albus Dumbledore eigentlich so milde, als er Harry während seines nächtlichen Ausflugs beim Spiegel erwischt? Schreibe die Antwort auf. (L **43**)

3. Zeichne den Spiegel Nerhegeb mit einem „zauberhaft" verzierten Rahmen. Wenn du gerade einen großen Wunsch hast, den auch deine Mitschüler erfahren dürfen, kannst du ihn in den Spiegel schreiben oder zeichnen.

Spieglein, Spieglein an der Wand …

Zauberspiegel spielen in vielen Erzählungen und Märchen eine große Rolle. So heißt es bei Schneewittchen: *Die Königin hatte einen wunderbaren Spiegel. Wenn sie vor den trat und sich darin beschaute, sprach sie: „Spieglein, Spieglein an der Wand, wer ist die Schönste im ganzen Land?" Da antwortete der Spiegel: „Frau Königin, Ihr seid die Schönste im Land." Da war sie zufrieden, denn sie wusste, dass der Spiegel die Wahrheit sagte.*

4. Schreibe selbst ein Märchen, in dem ein Spiegel eine Rolle spielt. Du kannst eine dieser Überschriften wählen, aber auch einen eigenen Titel erfinden.

Der Lügenspiegel

Der zerbrochene Spiegel

Die Reise ins Spiegelland

Mmm ..., lecker: Drachenmilch!
(S. 239)

1. Albus Dumbledore ist unter anderem deshalb so berühmt geworden, weil er die **sechs Anwendungen für Drachenmilch** entdeckt hat. Schreibe auf, wozu man Drachenmilch benutzen kann. Denke dir sechs verschiedene Möglichkeiten aus.

2. Schreibe als Ich-Erzählung aus der Sicht von Albus Dumbledore, wie er die Drachenmilch-Entdeckung gemacht hat.

3. Die Firma Crazy-Snack macht Reklame für „Feuerschleck", den ersten und einzigen Schmatzriegel aus echter Drachenmilch. Denke dir mit einem Partner den TV-Werbespot aus und spiele ihn vor.

Bühne frei für: Grindelwald grollt

4. Auf der Seite 239 erfahrt ihr, dass Professor Dumbledores Ruhm vor allem auf dem Sieg über den schwarzen Magier Grindelwald im Jahr 1945 beruht. Was damals genau passierte, könnt ihr euch im folgenden kleinen Theaterstück selbst ausdenken. Den Anfang findet ihr hier. Schreibt gemeinsam daran weiter und führt es vor der Klasse auf.

Personen:
Minerva McGonagall (damals noch eine junge Hexe); Albus Dumbledore (damals noch ein junger Magier); Grimbart Grindelwald (gefürchteter Magier); Luzie Grindelwald (Tochter des Magiers); George Miller (Muggel)

1. Szene
Im Haus des Magiers

Grindelwald: *(böse)* Eine Heirat? – Niemals, meine Tochter, niemals!
Luzie: Aber Papa, ich liebe ihn doch! George ist ein wunderbarer Mensch.
Grindelwald: Er ist ein Muggel, ein mieser kleiner unfähiger Muggel.
Luzie: Na und!
Grindelwald: Die Grindelwalds sind eine der ältesten Magierfamilien des Landes. Und wenn ich das Duell der Magier gegen diesen Dumblemann ...
Luzie: Dumbledore, Papa!
Grindelwald: Dann eben Dumbledore, übrigens auch nur so ein hergelaufener Zauberstabdompteur. Wenn ich das Duell der Magier gewonnen habe, werde ich der Größte sein – verstehst du, Tochter: ich, Grimbart Grindelwald! *(geht stolz auf und ab)*
Luzie: Darf ich George Miller heiraten, wenn du ...
Grindelwald: Wenn ich was?
Luzie: Wenn du das Duell der Magier nicht gewinnen solltest ...

Alfs Tagebuch

2.4.

Grüß dich,
Felix und Knut haben im ganzen Roman nach Hinweisen auf den „Stein der Schwarzen" gesucht. Sie meinten, wenn es einen „Stein der Weisen" gäbe, müsse auch irgendwo ein Hinweis auf einen schwarzen Brocken versteckt sein. Sören hat sie dann aufgeklärt, dass der Name des Steins von „Weisheit" kommt. Aber das ist für Felix und seine Clique sowieso ein Fremdwort. Ich habe Miriam übrigens an der Bushaltestelle auch einen Stein geschenkt, genauer gesagt einen Ring mit Stein, total wertvolles Stück aus dem Kaugummiautomaten an der Bushaltestelle.

Das Tagebuch eines Tollpatsches

1. Auf den Seiten 237 und 238 ist Neville Longbottom gerade einmal wieder etwas Schlimmes passiert. Hier ein Spezialauftrag für Neville-Forscher: Schreibe Nevilles Tagebuch, in dem er von allen kleinen und großen Katastrophen erzählt, die ihm bisher auf dem Weg nach Hogwarts und hier im Internat zugestoßen sind. (L **44**)

Kommissar „Potter" ermittelt

2. Schreibe auf, was Harry auf der Seite 240 bereits alles über die Sache mit dem „Stein der Weisen" weiß. Achte darauf, dass diese Wörter in deinem Bericht vorkommen (L **45**):

Gringotts **Hagrid** **Nicolas Flamel** **Albus Dumbledore** **Hund** **Metall** **Gold** **Elixier des Lebens**

Die Alchemie

Nach dem Stein der Weisen suchten im Mittelalter etwa vom 13. Jahrhundert an die **Alchemisten**. So nennt man die Männer, die sich mit der Umwandlung von Metallen, mit der künstlichen Herstellung von Gold, aber auch mit der Anfertigung von Schmuck und der Erzeugung medizinischer Präparate beschäftigten. Im Volk genossen sie oft hohes Ansehen wegen ihrer Kenntnisse. Sie fanden zwar nie den Stein der Weisen, konnten also weder Steine in Gold verwandeln noch das Elixier des ewigen Lebens brauen, dafür aber gelangen ihnen zahlreiche Entdeckungen. Sie erfanden Phosphor, Schwarzpulver und Porzellan und waren damit die Vorläufer der heutigen Chemiker.
Sie betrachteten sich selbst oft als von Gott Auserwählte, die in die Geheimnisse der Schöpfung eingeweiht waren. Sie hielten ihr Wissen geheim, benutzten sogar Geheimschriften und Decknamen. Bis ins 18. Jahrhundert hinein wurden sie von vielen Fürsten als Geldfälscher eingesetzt.
Der Apothekergehilfe Johann Friedrich Böttger (1682–1719) war einer von ihnen. Der sächsische Kurfürst August der Starke ließ ihn gefangen nehmen, um ihn zur Goldherstellung zu zwingen. Eines Tages präsentierte ihm Böttger die Ergebnisse seiner alchemistischen Arbeit: Porzellan. Das gab es zwar bereits in China, allerdings war die Einfuhr sehr teuer, sodass Böttgers Erfindung den Kurfürsten reich machte und zur ersten Porzellanmanufaktur in Meißen führte.
Für die Kirche waren die Alchemisten verdächtige Leute. Man warf ihnen vor, Geister zu beschwören und gotteslästerlich zu handeln.

Die Alchemisten-Diskussion

Allchemisten – sind das Chemiker im Weltraum?

Unsinn, Knut, man schreibt das Wort nur mit einem „L"!

Weiß jemand von euch, womit sich die Alchemisten beschäftigt haben?

Was wurde ihnen denn von der Kirche vorgeworfen, Alf?

Ich habe gehört, man hat sie missbraucht. Stimmt das, Miriam?

Und wie kam es wohl zu den Vorwürfen der Kirche?

Beantworte die Fragen in den Sprechblasen schriftlich, nachdem du den Text gelesen hast. (L **46**)

Willkommen im Magischen Zirkel

Bestimmt hast du schon einmal einen Zauberkünstler gesehen, auf der Bühne vielleicht, auf einem Kindergeburtstag oder im Fernsehen. In Deutschland gibt es sogar einen richtigen „Zauberer-Verein", dem zurzeit etwa 2.600 Zauberer angehören. Er heißt „Magischer Zirkel von Deutschland", wurde 1912 in Hamburg gegründet, und hat es sich zur Aufgabe gemacht, die Zauberei zu pflegen und zu fördern.
Unter Zauberei verstehen die Leute vom Magischen Zirkel jedoch nur die Zauberkunst, die auf der Geschicklichkeit des Zauberkünstlers und der Sinnestäuschung des Publikums aufbaut. Dazu gehören Bühnenmagie, Kartentricks und Partyzauberei.
Mit der Beschwörung dunkler Mächte, mit der Anrufung von Geistern oder mit übernatürlichen Kräften hat das jedoch gar nichts zu tun. Im Gegenteil: Der Magische Zirkel möchte nichts zu tun haben mit Spiritismus und Okkultismus.
Ganz wichtig ist seinen Mitgliedern das Schweigegebot. Außenstehenden dürfen keine Tricks oder Kunststücke erklärt werden, damit der Zauberkunst nicht geschadet wird.
Im Magischen Zirkel von Deutschland finden sich ganz unterschiedliche Menschen zusammen: alte und junge Leute, Hobbyzauberer und Berufskünstler, die alle eines gemeinsam haben: Sie wollen anderen Menschen mit der Kunst des Illusionierens eine Freude machen – oder sie sind einfach selbst begeistert von den raffinierten und geistreichen Tricks der Zauberei. Um Mitglied zu werden, muss man eine Aufnahmeprüfung bestehen, in der man zeigt, dass man nicht nur Tricks beherrscht, sondern auch die „Spielregeln" des Zirkels befolgt.

Sieben Fragen zum Magischen Zirkel

Frage	**Antwort**
Wie viele Zauberer gehören dem Magischen Zirkel zurzeit etwa an?	

1. Fülle die Tabelle aus, indem du dir weitere Fragen und Antworten mithilfe des Textes ausdenkst. Befragt euch anschließend gegenseitig.

Bewerbungen

Hallo,

bin begeisterter „Harry-Potter“-Leser, kann sämtliche Zaubersprüche aus dem Buch auswendig, würde Draco am liebsten in eine Kröte verwandeln und möchte auch gern Zauberer werden.

Harry Krause

Liebe Leute vom Zirkel,

ich lese gern Horoskope, kann wahrsagen und unterhalte mich am liebsten in dunklen Burgruinen mit Schlossgeistern. Habe scheinbar direkten Draht zum Jenseits. Wenn ihr mich nicht nehmt, entgeht euch ein echter Kracher! Übrigens: Bei mir kriegt das Publikum Gänsehaut!!!

Tim Bertram

Liebe Leute vom Zirkel,

ich habe schon auf Kindergeburtstagen im Freundeskreis, auf Familienfeiern und Schulfesten mit großem Erfolg gezaubert. Meine Fingerfertigkeit, meine gute Beobachtungsgabe und das Talent, ein Publikum abzulenken, wurden dabei gelobt.

Philipp Sorge

Hallo Zirkel,

als Tüftler habe ich mich mit der Herstellung von Zaubertricks beschäftigt. Ich würde Ihnen gern einmal den „rennenden Zylinder“ und die „kochende Marmelade“ vorführen. Ich halte mich für reaktionsschnell und einfallsreich.

Anja Fuchs

1. Du bist Vorsitzender im Magischen Zirkel. Vier Nachwuchszauberer melden sich zur Aufnahmeprüfung. Wen wirst du zur Prüfung einladen? Schreibe jedem einen kurzen Brief, in dem du ihm bzw. ihr deine Entscheidung mitteilst. (L **47**)

2. Ein paar Hobbyzauberer möchten in den Magischen Zirkel eintreten. Spielt die Aufnahmegespräche vor der Klasse. Dabei erzählen die Zauberer aus ihrem Leben und geben vielleicht auch ein paar Kostproben ihres Könnens. Entscheidet zum Schluss über ihre Aufnahme.

3. Schreibe auf, wodurch sich ein Zauberer im Magischen Zirkel von einem Zauberer im Roman unterscheidet. (L **48**)

Vom Ei zum Inferno

(S. 249–263)

In der Bücherei stöbert Hagrid in Büchern über Drachen (S. 251). Eines von ihnen trägt den Titel „*Vom Ei zum Inferno: Ein Handbuch für Drachenhalter*“. Das Wort „Inferno“ bezeichnet übrigens eine Katastrophe.

Schreibe eines der folgenden Kapitel, in dem du Ratschläge gibst, wie man mit Drachen umgehen sollte:

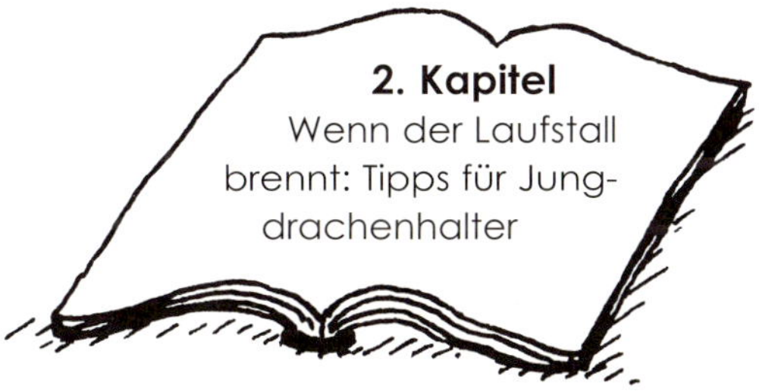

Kleine Hilfe

So kannst du beginnen: *Junge Drachen sollten im ersten Lebensjahr niemals zu heiß gebadet werden. Sonst kann es passieren, dass sie …*
Auch sollte man ihnen stets das richtige Spielzeug geben, zum Beispiel …

Das Zaubereiministerium greift ein!
(S. 252)

Ron erzählt davon, dass das Zaubereiministerium alle Hände voll damit zu tun hat, Zwischenfälle mit Drachen vor den Muggeln zu verbergen.

Walisischer Gründrache in Supermarkt eingedrungen

Hebridischer Schwarzdrache auf Straßenkreuzung eingeschlafen

1. Schreibe einen dieser Zeitungsberichte für den „Tagespropheten".

2. Gestalte mit einem Partner die große Drachenshow, eine Fernsehsendung mit Nachrichten und Berichten rund um das Thema „Drachen". Spielt eure Ergebnisse in der Klasse vor.

Der Brief an Charlie
(S. 258)

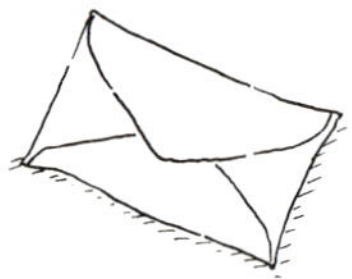

Die Kinder bringen Hagrid dazu, eine Eule an Drachenforscher Charlie zu schicken und ihn darum zu bitten, den Drachen aufzunehmen.

3. Schreibe Hagrids Brief an Charlie. Füge eine Beschreibung und eine Zeichnung von Norbert hinzu, damit sich Charlie den Drachen besser vorstellen kann.

Norbert, der norwegische Stachelbuckel

M 48

Alfs Tagebuch

3.4.

Hallöchen,
bei uns im Dorf gibt es auch einen Drachen, lebendig, feuerspeiend und sogar giftspritzend: die Frau vom alten Wiemann aus dem Krimskramsladen „Geschenke für jede Gelegenheit“. Mit „jede Gelegenheit“ sind wohl Beerdigungen, Amokläufe, Duelle oder Familienstreitigkeiten gemeint, denn wer den Plunder kauft und verschenkt, kriegt garantiert Zoff. Als Knut neulich ein defektes Furzkissen umtauschen wollte, hat ihm Frau Wiemann die Stacheln gezeigt. Jeden Popel hat sie im Laden angekettet, man darf nichts berühren … und wenn du in einer Zeitschrift blätterst, hackt sie dir die Finger ab. Brrrr!

„Husumer Drachenfest 2000 in Lundenbergsand“

Ein Himmel voller Drachen, unter diesem Motto ging es in Lundenbergsand im wahrsten Sinne des Wortes hoch her. Aus nah und fern strömten Drachenfreunde an die Küste, um einem begeisterten Publikum ihre liebevoll gestalteten Drachen zu präsentieren. Von Lenkdrachen zu plastischen Einleinerdrachen, eine Menge war zu bestaunen. Auch die Kleinen hatten ihren Spaß, ob eine Fahrt mit einem Oldtimertrecker, Drachenworkshop, oder der Sprung ins kühle Nass, das Angebot war vielseitig. Für die Großen war natürlich auch gesorgt, Kaltgetränke und Gegrilltes sorgten für das leibliche Wohl der Besucher.

1. In Alfs Tagebuch und in diesem Zeitungsartikel geht es um ganz andere „Drachen“ als im Roman. Erkläre die drei möglichen Bedeutungen des Wortes. Du kannst ein Lexikon zur Hilfe nehmen. (L **49**)

2. Stell dir vor, beim Husumer Drachenfest sind lebendige Drachen aufgestiegen. Haben sich die Tiere untereinander vertragen? Was bedeutet „liebevoll gestalteter“ Drachen? Bindet man etwa den feuerspeienden Wesen Schleifchen ins Haar oder bekommt der Drachenboy eine drachentrendige Gelfrisur? Stell dir vor, du bist dort gewesen. Schreibe von deinen Erlebnissen.

3. Jetzt muss dringend ein Lexikon für Drachenfreunde her, in dem die Begriffe aus dem Zeitungsartikel auf lustige Weise erklärt werden. Diese Wörter solltest du aufnehmen:

Das fabelhafte Fabeltierquiz

(S. 264–284)

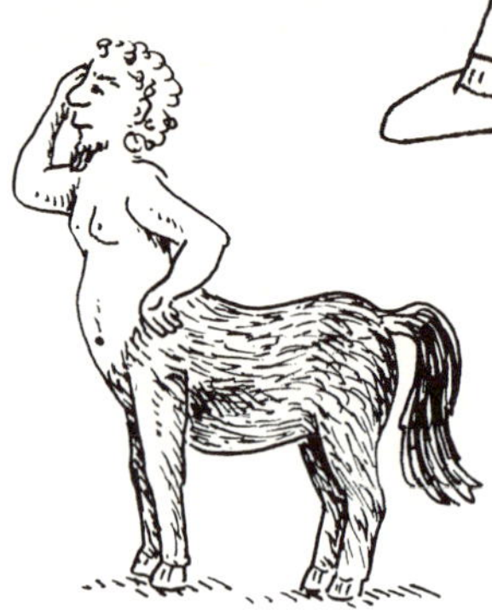

(1) Von dem Tier hört Harry zum ersten Mal im Laden von Ollivander, später im Zaubertrankunterricht.

(2) Wer von ihm gebissen wird, verwandelt sich selbst in dieses Tier.

(4) Harry hat noch nie etwas so Schönes und Trauriges gesehen.

(3) Ein Mischwesen zwischen Mensch und Pferd.

(5) Das Tier ist weiß mit perlweißer Mähne.

(6) In „Geschichte der Zauberei" lernen die Kinder die Benimmregeln dieser Tiere von 1637 kennen.

(7) In der griechischen Sagenwelt der Muggel waren sie bekannt für ihre Trunksucht und wurden oft als Begleiter von Dionysos, dem Gott des Weines, abgebildet.

(8) Bei den Muggeln gibt es die Legende, dass dieses Tier, wenn es getötet wird, als Vampir wiederkommt.

(9) Hagrid bezeichnet sie als „vermaledeite Sternengucker".

(10) Bei den Muggeln gilt das Tier als besonders edles magisches Geschöpf.

(11) Sie sehen ihr Schicksal in den Sternen und haben einen Eid abgelegt, sich nicht gegen den Himmel zu stellen.

Hier findest du Informationen zu drei Fabeltieren aus dem verbotenen Wald. Schreibe ihre Namen auf und zeichne auf einem Blockblatt zu jedem Tier ein eigenes kleines Bild. Dann schneide die Infokästen aus und klebe sie zu den passenden Fabeltieren. (**L 50**)

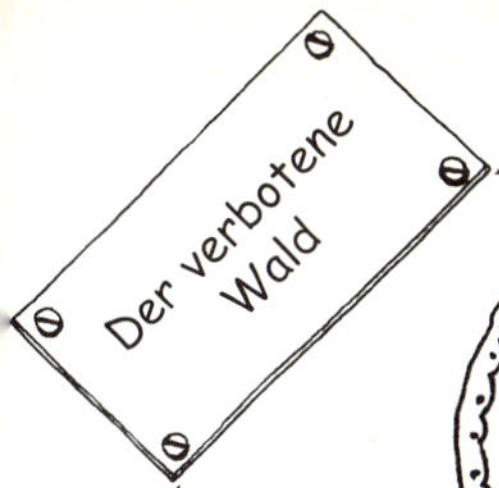

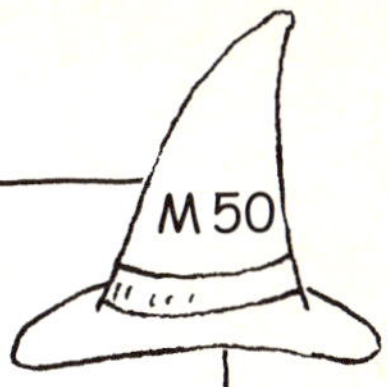

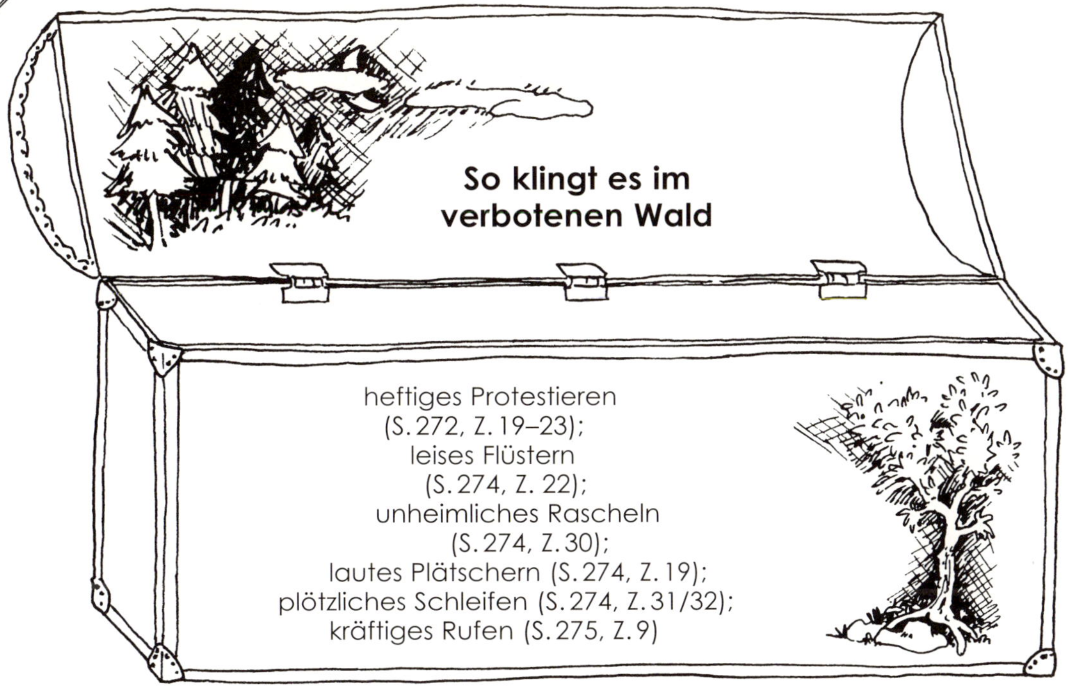

1. Stell dir vor, du machst mit einem Kassettenrekorder Tonaufnahmen im verbotenen Wald. In der Kiste findest du Geräusche von den Seiten 272 bis 275. Lies nach und schreibe in ganzen Sätzen, woher die Geräusche jeweils kommen. (L **51**)

> Damit du nicht jeden Satz mit „ich höre" beginnen musst, findest du hier ein paar weitere Wörter:
> *ich vernehme; ich nehme wahr; ich entdecke; ich lausche; ich bemerke; ich achte auf*

Kleine Hilfe

So kannst du beginnen: *Ich höre das heftige Protestieren von Draco Malfoy … Plötzlich vernehme ich …*

Willkommen an der Hogwarts Hausbar!

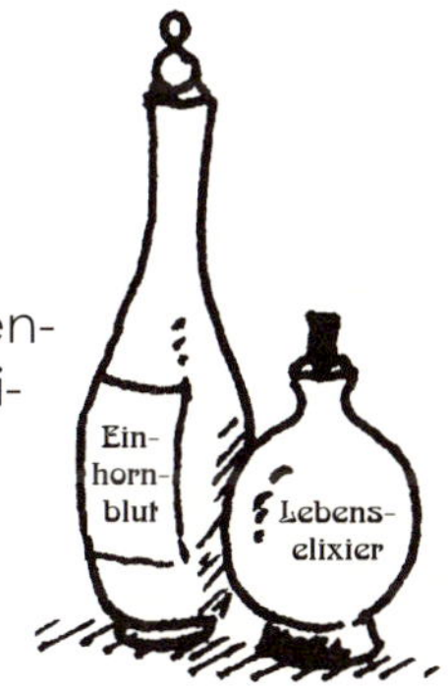

2. Schreibe auf, wozu diese Getränke gut sind, mit welchen „Risiken und Nebenwirkungen" man jedoch rechnen muss. Hinweise darauf findest du auf den Seiten 281 bis 282. (L **52**)

Ein wichtiger Eintrag in „Harry Potters" Tagebuch

1. Auf der Seite 283 erzählt Harry Ron, dass Voldemort draußen im Wald wartet. Wie kommt er eigentlich darauf, dass es sich bei der vermummten Gestalt im verbotenen Wald um „Du-weißt-schon-wer" handelt? Schreibe Harrys Tagebuch. Er sammelt dort alle Hinweise auf Voldemort.

Kleine Hilfe

So kannst du beginnen: *Ich bin mir sicher, dass ich Voldemort heute im Wald gesehen habe. Ich merkte es ganz deutlich, als …*

Die Jahresabschlussprüfung
(S. 285–312)

1. Fertige eine Liste mit allen Aufgaben an, die Harry in der Prüfung bekommt. Hinweise findest du auf den Seiten 285 bis 286. (L 53)

Aufgaben: ______________________________

____

____

____

Harry wird wütend

2. Auf den Seiten 293 bis 294 teilt Harry Ron und Hermine mit, dass er in der Nacht allein versuchen will zum Stein der Weisen zu kommen. Als Ron und Hermine protestieren, gibt ihnen Harry eine deutliche Antwort. Lest diese Textstelle (S. 293, Z. 22 bis S. 294, Z. 30) zu dritt mit verteilten Rollen. Achtet darauf, dass Harry sehr laut und energisch spricht.

3. Schreibe auf, woran du erkennst, dass Harry hier sehr wütend ist. (L 54)

Alfs Tagebuch

4.4.

Hallo,
Knut meint, er hätte Fluffy auch ohne Flöte flachgelegt, und zwar mit Wauwau-Lolli, dem Pausensnack für gestresste Vierbeiner. Sein Zwergdackel Schwarzenegger sei ein absoluter Wadenbeißer. Der lasse kein Hosenbein aus und habe schon gegen zwei Briefträger gewonnen. Der dritte habe ihm neulich einen Wauwau-Lolli hingehalten und Schwarzenegger lasse sich seitdem vom Postmann kraulen. Bei Fluffy müsste man allerdings einen Dreifach-Dauerlutscher haben.

Unsere Stärken
(S. 298–312)

Harry	Hermine	Ron
______________	______________	______________
______________	______________	______________
______________	______________	______________

Das wandelnde Lexikon! Seite:	Gibt niemals auf! Seite:	Ein sportliches Ass! Seite:
Bereit, sich zu opfern! Seite:	Kommt mit Logik ans Ziel! Seite:	Beherrscht sein Spiel! Seite:

1. Auf dem Weg zum Stein der Weisen zeigen die Kinder ihre besonderen Stärken. Ordne die Hinweise den richtigen Personen zu und schreibe sie in das jeweilige Feld. Notiere außerdem die Seiten, auf denen du Hinweise findest. (L **55**)

Große Umtauschaktion bei den magischen Hindernissen!

(S. 298–312)

Der Verdoppler

Die singende Treppe

Das schwarze Karussell

1. Drei magische Hindernisse müssen einmal wieder ausgetauscht werden. Hier findest du die neuen Prüfungen. Was kann das bedeuten? Schreibe auf, was den Eindringling in der jeweiligen Gruft erwartet.

Voldemort gegen Dumbledore

2. Du findest hier ein paar Aussagen. Finde heraus, zu welcher Figur sie passen. Lies dazu die Seiten 315 bis 316. Ordne die Aussagen und nummeriere sie. Trage nun die Zahlen in den passenden Bilderrahmen ein. (L **56**)

Voldemort

____

____

____

____

Dumbledore

____

____

____

____

Wer die Macht hat, darf sich alles erlauben!

Es gibt kein Gut und kein Böse!

Man sollte lernen zwischen gut und böse zu unterscheiden.

Den Schwachen sollte man helfen.

Wer schwach ist, hat selbst schuld.

Fehler vergibt man nicht.

Auch die Mächtigen müssen sich an Regeln halten.

Rund um die Zeit
(S. 320–322)

Auf den Seiten 320 bis 322 geht die Autorin sehr geschickt mit der erzählten Zeit um, sodass eine fesselnde Erzählung entsteht. Suche jeweils eine Textstelle, die eine Zeitdehnung, einen Zeitsprung oder einen Rückblick enthält. Schreibe zum Beweis ein paar Sätze ab. Tipps dazu gibt dir die „Kleine Hilfe". (**L 57**)

Zeitdehnung

Seite: ____________

____

____

____

____

____

Zeitsprung

Seite: ____________

____

____

____

____

____

Rückblick

Seite: ____________

____

____

____

____

____

Kleine Hilfe

Zeitdehnung: So nennt man es, wenn ein Autor einen Vorgang, der nicht lange dauert, sehr ausführlich darstellt. Um die Zeit zu dehnen, kann man zu den sichtbaren Ereignissen (äußere Handlung) auch die Gedanken und Gefühle einer Figur hinzufügen (innere Handlung).
Zeitsprung: Hier lässt die Erzählung ein paar Stunden, Tage oder Jahre einfach aus und setzt dann wieder ein.
Rückblick: Manchmal blickt eine Figur zurück, indem sie sich an die Ereignisse aus der Vergangenheit erinnert und davon erzählt.

Drei dreiste Fragen von Radio Ravenclaw

(S. 321–326)

Radio R.: Mr. Dumbledore, man munkelt, dass Quirrell keine Chance gegen Potter hatte, weil der Junge eine Art Folienverpackung mit Brennnesseleffekt am ganzen Leib trägt. Stimmt das?

Dumbledore: ____

____

____

____

Radio R.: Als „Potter" gegen Quirrell kämpfte, waren Sie wieder einmal zur falschen Zeit am falschen Ort. Werden Sie langsam zu alt für Ihren Job, Mr. Dumbledore?

Dumbledore: ____

____

____

____

Radio R.: Warum haben Sie den Stein nicht gerettet? Sie hätten ganz Hogwarts mit Gold und ewigem Leben beglücken können.

Dumbledore: ____

____

____

____

1. Lies die Seiten 321 bis 326 und schreibe Dumbledores Antworten in diesem Interview.

2. Schreibe weitere Fragen und Antworten. Spiele es anschließend mit einem Partner vor.

Alfs Tagebuch

5.4.

Hallöle,
Melissa würde sich mit dem Stein der Weisen eine Schiffsladung voller Handyschalen kaufen, Tina würde ihrem Vater einen Ferrari schenken, damit der ihr erlaubt, sich den Nasenflügel piercen zu lassen, Edgar Brömmelmeier würde sich eine Hauptrolle im zweiten „Harry-Potter"-Film kaufen (wahrscheinlich Draco Malfoy) und ich würde Miriam zum Eisessen einladen. Zwei Kugeln mit Sahne. Das muss reichen. Sie soll mich ja nicht nur wegen des Geldes heiraten.

Vor einiger Zeit entdeckte ich im Supermarkt die neue Zauberartikel-Abteilung gleich neben der Wursttheke. Das Verwandlungsdeo war leider ausverkauft und der Ratgeber „Flüche für Singles" interessierte mich so wenig wie die „Hip-Hop-in-Hogwarts-CD" von den Krächzenden Kobolden. Aber ganz unten im Regal lag noch ein letzter dunkelgrün glänzender „Stein der Weisen", und zwar im Sonderangebot. Ich packte mir das Ding in den Einkaufswagen, angelte noch zwei Eisbecher und ein Päckchen Spinat für das Mittagessen aus der Tiefkühltruhe und hüpfte fröhlich pfeifend zur Kasse, denn ich freute mich über dieses Schnäppchen, das mir ein ewiges Leben und Gold bis zum Abwinken für läppische 14.79 EUR garantierte.
Auf dem Heimweg überlegte ich, wie ich wohl eines Tages in ferner Zukunft die Party zu meinem 250. Geburtstag feiern sollte. Auf jeden Fall mit Margots wunderbarer Buttercremetorte. Andererseits ... nach mehr als zweihundert Jahren Torte kann man die Buttercremepampe wahrscheinlich nicht mehr riechen.
Und meine besten Freunde? Einige konnte ich damals schon nicht mehr riechen. Trotzdem hätte ich ihnen den Stein ausgeliehen, Fred jedenfalls und Harry und Paul. Letzterer hätte darauf bestanden, dass ich ihn auch seinen Kindern leihe, und die kleine Sarah-Marie hätte ihn so lange in ihrem Puppenhaus versteckt, bis sie ihrer ganzen Krabbelgruppe das ewige Leben geschenkt hätte. Und damit die Krabbelgruppenkinder nicht ewig allein krabbeln müssen, hätte sie natürlich allen Eltern und Omas und Opas ebenfalls ein paar tausend Jährchen gegönnt.
Ich griff zum Handy und bestellte bei Schröder & Dinkelfeld einen XXL-Banksafe, Modell „Fort Knox", fünfwandig kaltgeschweißt mit Ewigkeitsgarantie gegen Durchrosten, Sintflut und Erdbeben. Dann parkte ich meinen Toyota vor dem Haus von Lutz Weber, dem armen Hip-Hop-Musiker aus der Nachbarschaft, schenkte ihm meine Karre komplett mit einem Satz Winterreifen und bat ihn, mir dafür einen Hubert-Hip-Hop-Hit zu schreiben.
Für den Nachmittag nahm ich mir vor, die Garage auszuräumen, um später dort die Goldbarren für die drei oder vier Wochen zu stapeln, die ich auf meinen neuen Ferrari warten müsste.

Meiner Frau erzählte ich erst einmal nichts. Ich würde Margot am Abend zum Italiener einladen und die Pizza mit meinem ersten selbst verwandelten Goldstück bezahlen. Während sie in der Küche den Spinat zubereiten wollte, angelte ich den grünen Stein, der sich jetzt merkwürdig kalt anfühlte, heimlich aus der Einkaufstüte und versteckte ihn im Wohnzimmer auf dem Bücherregal hinter den Harry-Potter-Bänden.

Dann studierte ich die Bedienungsanleitung, die mir zum ewigen Leben gratulierte und mir mitteilte, dass ich das Modell „Schwupps-Verwandler“, einen so genannten Turbostein mit Blitzkontaktsensor erworben hatte. Die kleinste Berührung würde genügen, und „schwupps“ hätte sich ein rostiger Rasenmäher oder eine alte Waschmaschine in ein glänzendes Goldstück verwandelt.

Ich rief den Schrotthändler an und bestellte zwölf Tonnen gemischten Plunder. Der Mann fragte, ob ich krank sei oder daheim ein Stahlwalzwerk hätte, versprach mir aber, das Zeug am Nachmittag im Vorgarten abzuladen. Auf Margots Tulpen, so fügte ich hinzu, brauche er keine Rücksicht zu nehmen, er solle den Schrott einfach mit dem Kipplader ausschütten. Ich würde mit meiner Frau demnächst nach Holland fliegen, ihr das Flugzeug und ein paar Tulpenfelder mit Gärtnern, dazu ein Dutzend passender Windmühlen schenken.

Gerade hatte ich aufgelegt, da entdeckte ich die ersten Tropfen auf meiner Bedienungsanleitung. Oben im Regal sah ich, dass die „Harry-Potter“-Bücher undicht wurden und ein nasses Pitschpatsch zwischen den Buchrücken durchsickerte.

„Der Stein!“, schoss es mir durch den Kopf und ich kramte einen immer noch kalten, aber scheinbar mächtig schwitzenden Stein der Weisen hinter den Büchern hervor. Seine Oberfläche war so sehr angetaut, dass mir der grüne Brocken aus der Hand flutschte und unter die Heizkörperverkleidung segelte.

Während ich mit einem Besenstiel nach dem verdammten Ding stocherte, hörte ich ein lautes Kreischen aus der Küche. Margot zappelte vor der qualmenden Mikrowelle herum, in der sich ein grünschwarzer brodelnder Vulkan drehte, aus dem sich eine stinkende Brühe über den Küchenboden ergoss. „Hubert“, rief sie entsetzt, „das ist doch kein Spinat!“

Es musste beim Auspacken passiert sein. Nachdem ich meiner Frau die Verwechslung mit dem Stein erklärt, die Küche in Ordnung gebracht und zwei Stunden gelüftet hatte, suchte ich in der Bedienungsanleitung nach den Garantiebestimmungen. Vielleicht gab es irgendwo eine Stein-der-Weisen-Hotline, wo sie einem sagen, wie man ein in der Mikrowelle geröstetes Exemplar repariert.

Als der Schrotthändler gegen vier Uhr seine Ladung in den Vorgarten kippte, drehte Margot ein zweites Mal durch. Zum Glück hatte ich im Schlafzimmer bereits die Jalousien heruntergelassen, als die Dachdecker ein paar Dachziegel zur Seite räumten und dem Kranführer zuwinkten, der den Banksafe „Fort Knox“ über unser Haus schweben ließ. Die Beruhigungsspritze von Dr. Herkströter musste sofort gewirkt haben, denn Margot lächelte nur milde, als wir von nebenan das Krachen der Dachbalken hörten.

„Fort Knox“ hatte sich über der Garage vom Haken gelöst, war durchs Dach geknallt und hatte unsere neuen Mountainbikes unter sich begraben. Zum Glück hatte ich den Toyota verschenkt.

Seitdem sind ein paar Wochen vergangen. Meiner Frau geht es wieder gut, es regnet zwar manchmal durchs Dach, im Wohnzimmer klebt noch Spinat hinterm Heizkörper und wir müssen alle Wege zu Fuß erledigen, aber ein aufregendes Leben voller Überraschungen und kleiner Glücksmomente ist eigentlich viel wertvoller als tausend Jahre Langeweile.

1. Spielt die Erzählung mit verteilten Rollen nach. Achtet dabei darauf, wie sich Huberts Stimmung im Verlauf der Geschichte ändert.

2. Huberts Frau erzählt einer Freundin am Telefon, was daheim passiert ist. Spielt das Gespräch mit einem Partner.

3. Zunächst freut sich Hubert über sein „Schnäppchen". Schreibe die Textstellen ab, an denen das deutlich wird. (L **58**)

4. Plötzlich kommen ihm Zweifel. Schreibe auf, was ihm am „Stein der Weisen" nicht gefällt. (L **59**)

5. Beurteile den Ausgang der Geschichte und entscheide, wer von den beiden Kindern Recht hat. Schreibe deine Meinung dazu auf. (L **60**)

Jannick: „So ein Pech! Hubert hätte reich werden und ewig glücklich leben können."

Nicole: „So ein Stein macht nur unglücklich. Er soll froh sein, dass seine Frau das Ding verbruzzelt hat."

Kleiner Hogwarts-Jahresrückblick

Für Harry war es ein ______________ Jahr mit vielen ______________

Für Hermine fing das Jahr ______________ und endete ______________

Neville hat in diesem Jahr ____

Für Hagrid war es ein ______________ Jahr, in dem ______________

Wenn Draco Malfoy an dieses Jahr zurückdenkt, fällt ihm ____________ ein.

Dumbledore hat in diesem Jahr ____________________________

Voldemort konnte in diesem Jahr __________________________

1. Denke noch einmal darüber nach, was in diesem aufregenden Jahr in Hogwarts geschah und ergänze die Sätze sinnvoll.

Ein Blick in Rons Fotoalbum

2. Stell dir vor, Ron hätte in diesem Jahr fotografiert. Zeichne eine Seite seines Fotoalbums mit Erinnerungen an Hogwarts.

Kleine Abschiedsbriefe

1. Wenn die Kinder nach der Heimfahrt auf dem Bahnhof in ihre Taschen gucken, entdecken sie diese Briefchen. Schreibe sie.

M 59

Alfs Tagebuch

6.4.

Hallo,
wir haben heute „Harry Potter" in der Schule abgeschlossen. Knut will sein Exemplar auf dem Flohmarkt verhökern und Melissa Buck wird das Buch bestimmt in eine beleuchtete Glasvitrine stellen. Ich habe zurzeit Gänsehaut im Gehirn und Ameisen im Bauch, weil ich einen Erste-Sahne-Nachmittag verbracht habe. Heute Mittag hat nämlich das Telefon geklingelt ...

1. Denke dir aus, wer angerufen haben könnte und setze Alfs Tagebuch fort.

Lösungsvorschläge

M2/L1: Alf könnte selbst „Harry Potter" lesen und sich zum „Harry-Potter"-Experten weiterbilden. Dann kommt er bestimmt mit Miriam ins Gespräch. Eine ganz andere Möglichkeit: Er wartet einfach ab. Irgendwann wird das „Harry-Potter"-Fieber abklingen. Eifersucht ist jedenfalls nicht angebracht. Schließlich existiert Harry nur auf dem Papier.

M3/L2: Melissas Oma ist 72 Jahre alt.

M4/L3: Lily Potter, die Schwester von Tante Petunia, war eine Hexe.

M4/L4: Seltsam gekleidete Menschen sind unterwegs; man tuschelt von „Potter"; ein kleiner Mann trägt einen violetten Umhang; Mr. Dursley wird umarmt ...

M5a/L5:

Alfs Meinung	*Textstellen im Buch*	***Knuts Meinung***	*Textstellen im Buch*	***Miriams Meinung***	*Textstellen im Buch*
... Typ voller Vorurteile	S. 7, Z. 17–19 S. 8, Z. 18–19	... ein sehr ordentlicher Mensch	S. 6, Z. 12–26	Er liebt nur sich selbst. Ihm gefällt es, wenn sein Sohn so gemein ist wie er.	S. 5, Z. 1–2; S. 6, Z. 19–26
Er hasst alles, was nicht seinen Vorstellungen entspricht.	S. 7, Z. 17–18; S. 9, Z. 33; S. 10, Z. 5	... Abneigung gegen schräge Vögel	S. 7, Z. 17–18	Die Autorin hat mit dieser Monsterfamilie maßlos übertrieben.	S. 5, Z. 7–16
Er schikaniert seine Mitarbeiter.	S. 8, Z. 10–12; Z. 32	Er hat es in seinem Betrieb zu etwas gebracht, vielleicht durch Pünktlichkeit, Fleiß und Korrektheit.	S. 5, Z. 7–8; S. 8, Z. 10–15		
Die Autorin stellt das Besondere eines Menschen durch Übertreibung dar.	S. 5, Z. 7–16	Als Nachbar ist er bestimmt angenehm.	S. 5, Z. 1–2		
		Er ist ein liebevoller Vater, der seinem Sohn jeden Wunsch erfüllt.	S. 6, Z. 19–26; S. 10, Z. 18–21		

M5a/L6: Alf beschreibt Mr. Dursley am besten. Dieser Mann ist voller Vorurteile, ängstlich und fantasielos. Zudem schikaniert er seine Mitarbeiter im Betrieb. Auch Miriams Meinung, dass er nur sich selbst liebt, ist zutreffend. Knut irrt sich, wenn er Mr. Dursley für einen angenehmen Nachbarn hält. Allerdings ist er zu seinem Sohn durchaus liebevoll. Schließlich handelt es sich hier um eine Karikatur, die mit Übertreibungen arbeitet, wie Alf sagt.

M6/L7: „Dursleyhaft" bedeutet nach Auffassung der Dursleys unauffällig, angepasst, korrekt, pünktlich, vorsichtig, ordentlich. „Undursleyhaft" dagegen bedeutet kritisch, ungewöhnlich – etwa in der Kleidung auffällig –, fantasievoll, überraschend, spontan.

M6/L8: In der Strafpredigt kannst du Dudley vorhalten, dass er undankbar und unersättlich ist, wenn es um Geburtstagsgeschenke geht. In der Schule denkt er nur daran „andern eine reinzuhauen" (S. 26), Dudley ist wehleidig, bekommt oft Wutanfälle (S. 27), spielt seinen Eltern oft nur etwas vor (S. 29), hasst Harry und verprügelt andere Kinder gemeinsam mit seinem Freund Piers (S. 29–30).

M8/L9: Dies alles können wir als innere Handlung bezeichnen: Harry versucht sich an seinen Traum zu erinnern (S. 25, Z. 5–10). Auch denkt er über Dudleys Geburtstag nach (S. 25, Z. 21–33). Harry denkt über sein Aussehen nach (S. 26. Z. 15–20). Harry freut sich darauf, allein daheim bleiben zu können (S. 29, Z. 4–7). Auf den Seiten 30 und 31 gibt es jeweils einzelne Sätze, die Harrys Gedanken darstellen. Harry bereut seine Worte (S. 32, Z. 16–21). Auf den Seiten 33 bis 35 werden Harrys Gedanken beim Anblick der Schlange ausführlich dargestellt. Schluss des Kapitels: Harry denkt vor dem Einschlafen über die Ereignisse während seiner frühen Kindheit und über seine gegenwärtige Situation nach (S. 36, Z. 11 bis S. 37, Z. 22).

M8/L10: Nur ein Vorschlag: *„Onkel Vernon und Tante Petunia sind böse und ungerecht zu mir. Dudley ist ein verwöhnter, ständig schlecht gelaunter Junge. Ich bin leider gezwungen hier zu leben."*

M 8/L 11: Harry weiß noch nichts von seinen magischen Fähigkeiten. Er hätte also nicht zaubern können. Er hätte gar nicht zaubern dürfen. Wie später im Roman deutlich wird, ist es Zauberern verboten, in Gegenwart von Muggeln zu deren Schaden zu zaubern. Sörens Meinung ist also nicht zutreffend, Harry ist keineswegs ein „Weichei". Miriam trifft Harrys Charakter sehr gut, wenn sie ihn bewundert, weil er nicht verzweifelt.

M 10/L 12:

Die Nacht auf der Felseninsel – Vorschläge für Geräusche

Seite/Zeilen	*Geräusch*	*Weitere Geräusche*
52/28	Sturmböen an der Küste	S. 52, Z. 29/30: Gischt der Wellen spritzt gegen die Wand
52/31	Fenster klappern im Wind	S. 53, Z. 8: Magenknurren
53/5	Wind heult	S. 53, Z. 9: rollender Donner
53/8	Schnarchen	S. 53, Z. 16/17: Knacken des Daches
53/10–13	Uhrenticken	
53/22–25	Meer schlägt gegen Felsen	
53/29–32	heftiges Türenklopfen	

M 11/L 13: Spannungskurve 3 passt am besten zur Nacht auf der Felseninsel. Die Spannung steigt hier nach und nach bis zu einem Höhepunkt. Das wird im Text sehr deutlich. Zunächst bricht die Nacht herein, die unheimlichen Geräusche lassen Harry nicht einschlafen, er wird immer unruhiger, draußen tobt das Meer immer lauter, die Zeit scheint immer langsamer voranzuschreiten, schließlich auf dem Höhepunkt der Spannung kommt es zu einem regelrechten Count-down (S. 53, Z. 26–28), der im „BUMM, BUMM" endet, als es an der Tür klopft.

M 11/L 14:

a) *die Erwartungen des Lesers auf ein unbestimmtes Ereignis in der Zukunft ausrichten:* kleine Andeutungen machen, dass etwas geschehen wird (S. 52, Z. 24–27)
b) *alle Sinne des Lesers ansprechen:* beschreiben, was man hören, sehen, riechen, schmecken kann (hören und riechen: S. 52, Z. 28–32)
c) *anschaulich darstellen:* Adjektive einsetzen (S. 52, Z. 29 bis S. 53, Z. 4: mächtig, hoch, zornig, schmutzig, mottenzerfressen, zerlumpt, weich, dünn, zerrissen)
d) *mit Steigerungen arbeiten:* Adjektive im Komparativ benutzen (S. 53, Z. 2–3: weichste, dünnsten, zerrissensten; S. 53, Z. 5–7: wütender, bequemer; S. 53, Z. 13: näher; S. 53, Z. 18: wärmer)
e) *die Zeit dehnen:* einen in Wirklichkeit kurzen Zeitabschnitt ausführlich darstellen (S. 52, Z. 28: Die Nacht bricht herein. S. 53, Z. 5: Die Nacht rückt vor. S. 53, Z. 9: Mitternacht; S. 53, Z. 16: noch fünf Minuten; S. 53, Z. 18: noch vier Minuten; S. 53, Z. 22: noch drei Minuten; S. 53, Z. 26: noch eine Minute ...)
f) *die innere Handlung einer Romanfigur darstellen*: schreiben, was jemand denkt und fühlt (S. 53, Z. 5–28: Harrys Gedanken und Gefühle werden hier ausführlich dargestellt.)
g) *die Umgebung als bedrohlich darstellen:* zahlreiche unangenehme Einzelheiten beschreiben (S. 52, Z. 30–32: Die Hütte ist alt und schmutzig, es riecht nach Aal. S. 53, Z. 1: Das Bett ist zerlumpt.)
h) *Situationen wählen, die dem Leser als unheimlich bekannt sind:* Dunkelheit, Einsamkeit, Gewitter ...
Die gesamte Szene ist so gestaltet.

M 11/L 15: Harry stellt sich vielleicht einen Briefschreiber vor, der ein paar Zeilen aufs Papier kritzelt. Vielleicht „sieht" er eine Geburtstagsüberraschung.

M 12/L 16: Voldemort war <u>ein ehemaliger Muggel,</u> der vor etwa <u>30 Jahren</u> begonnen hat, sich Anhänger zu suchen. Nach und nach hat er in der Zauberwelt die Macht an sich gerissen. Wer sich gewehrt hat, den hat Voldemort umgebracht. Er hat so berühmte Zauberer wie die McKinnons, die Bones und die Prewetts getötet. Auch in Hogwarts trieb er sein Unwesen und selbst Dumbledore, der <u>Hausmeister</u> der Schule, <u>hatte mächtig Angst</u> vor dem Kerl. Harrys Eltern waren als Hexen und Zauberer das, was Jeremy Krause in Mathe ist: <u>Nullnummern, ziemliche Versager</u> also. In Hogwarts waren sie allerdings die Klassenbesten. Jedenfalls hat Voldemort <u>viele Versuche unternommen</u>, sie auf seine Seite zu bringen. Voldemorts Seite wird übrigens die <u>„blasse Seite"</u> genannt. Jedenfalls ist er an Halloween zu Harrys Eltern gekommen und hat sie umgebracht. Übrigens hat Voldi damals dem kleinen Harry eine Blitznarbe auf die Stirn <u>gezeichnet, das ist so 'ne Art Zaubertattoo.</u>

M 12/L 17: Sie mag Harry nicht, weil er der Sohn ihrer verhassten Schwester Lily ist. Die wurde von ihren Eltern bevorzugt, sie selbst wurde angeblich weniger geliebt. Mag sein, dass sie Lily in Wirklichkeit um ihr abenteuerliches Leben beneidet hat.

M 13/L 18: Harry benimmt sich neugierig, auch ein wenig unsicher, trotzdem mutig, immer hellwach, gesprächig und unternehmungslustig.

M 15/L 19: Hier ein Beispiel: „Gehen Sie an ‚Eylops Eulenkaufhaus', dem Geschäft mit den Steinkäuzen, Schleiereulen und Schnee-eulen vorbei bis zu Gringotts. Das ist das schneeweiße Haus, das Sie schon von weitem leuchten sehen. Gehen Sie dort auf die andere Seite an ‚Madam Malkins Anzügen' vorbei zu ‚Flourish & Blotts', dem Buchladen. Etwa hundert Meter weiter kommen Sie an ‚Ollivander', einem Laden für Zauberstäbe, vorbei. Kurz darauf erreichen Sie das Sportgeschäft ‚Qualität für Quidditch'."

M 16/L 20: Im Hof der Kneipe zum „Zum Brodelnden Kessel" (Tropfenden Kessel) klopft Hagrid mit der Spitze seines Stockes (Schirmes) dreimal gegen eine Mauer. Ein Spalt öffnet sich und gibt den Weg auf die Winkelgasse frei. Während sich Harry noch ein wenig in der neuen Umgebung umschauen möchte, drängt Hagrid ihn dazu, Geld von der Zaubererbank zu holen. Beide begeben sich zu „Gringotts", einem pechschwarzen (schneeweißen) Haus, das hoch über die kleinen Läden hinausragt. Vor der Tür wacht ein Kobold, ein kleines Wesen mit Bart und kleinen Füßen (mit großen Füßen). Hagrid gibt einem anderen Kobold in der Bank einen goldenen Schlüssel. Er teilt ihm mit, dass er Geld aus Harry Potters Safe entnehmen möchte. Auf einem kleinen Schienenkarren fahren Harry und Hagrid, begleitet von einem Drachen (Kobold), tief unter die Erde. Hinter einer Tür finden sie eine Kammer voller Goldmünzen, Silbermünzen und kleiner bronzener Knuts, die alle Hagrid (Harry) gehören. Hagrid erklärt Harry die Bedeutung dieser Währung für das Zauberreich, anschließend machen sie sich auf den Rückweg und besuchen dabei ein besonderes Verlies. Dabei erzählt ihnen der Kobold von den Sicherheitsvorkehrungen, die es keinem Fremden erlauben, in das Hochsicherheitsverlies siebenhundertundneunzehn vorzudringen. Harry bemerkt auf dem Boden dieser Kammer nur ein mit Briefmarken beklebtes (mit braunem Papier umwickeltes) Päckchen, das Hagrid anschließend aufhebt und mitnimmt.

M 16/L 21: Die besonderen Diebstahlsicherungen bei Gringotts werden nicht erwähnt. Die Tätigkeit der Kobolde wird auch nicht angesprochen. Hagrid scheint nicht über das Päckchen, das er mitnimmt, sprechen zu wollen.

M 18/L 22:

„alte Hüte" (Hut)	**„neue Ideen"** (Glühbirne)
Kessel für Zauberer und Hexen (S. 80) Drachenleber als Zaubermittel (S. 81) Eulen als Postboten (S. 91) Besen (S. 81) Buch mit Flüchen und Gegenflüchen (S. 90) Waren in der Apotheke (S. 90) Zauberstab (S. 92)	selbst umrührend, faltbar (S. 80) besondere Währung: Sickel (S. 81) Eulenkaufhaus (S. 91) Rennbesen (S. 81) Gummibeine, vertrocknete Zunge (S. 90) verschiedene Merkmale, Eigenschaften der Zauberstäbe (S. 93) die Idee, dass sich der Stab den passenden Besitzer selbst aussucht (S. 93)

M 20/L 23:

Ron Weasley …	**stimmt genau!**	**stimmt nicht!**
… interessiert sich für Harry.	☒	
… zeigt Verständnis für Harrys Situation.	☒	
… benimmt sich aufdringlich.		☒
… ist neugierig.		☒
… redet nicht viel.		☒
… gibt mächtig an.		☒
… ist manches peinlich.	☒	
… gibt Harry wertvolle Informationen.	☒	
… macht sich wichtig.		☒
… himmelt Harry an.		☒

M 21/L 24: S. 117, Z. 19–28; S. 118, Z. 11–20; S. 152, Z. 10; S. 159, Z. 23–27: Hermine weiß alles besser, gibt an; S. 163, Z. 29–31: Hermine weist auf das Verbot von Madam Hooch hin und will Harry daran hindern, Malfoy zu verfolgen; S. 170, Z. 16–19: Hermine weist Ron und Harry darauf hin, dass sie nachts nicht herumlaufen dürfen; S. 172, Z. 15: Hermine will die Kinder begleiten; S. 178, Z. 29–32: Hermine schimpft; S. 180, Z. 23–26: Hermine weigert sich mit Ron und Harry zu sprechen; S. 188, Z. 26–28: Sie verbessert Ron beim Zaubern.

M 22/L 25: das Bremsen der Lokomotive; die laute Stimme von Hagrid; das Rutschen auf dem schmalen Pfad; Nevilles Schniefen; das Staunen der Kinder; das Dümpeln der Boote am Ufer; das Plätschern des Wassers; das Ablegen der Boote; Hagrids Befehle; das Gleiten durch den Tunnel; das Anlegen der Boote; das Klettern aus den Booten

M 25/L 26: Hagrid würde nie öffentlich zugeben, dass er Dracheneier besitzt.

M 25/L 27: Filch würde nicht in so einem freundlichen Ton schreiben.

M 26/L 28: Habe heute „Potter" kennen gelernt – Dummkopf, dreistes Kerlchen. Werde ihn noch zur Schnecke machen. Musste den vorlauten Gryffindors gleich einen Punkt abziehen; Granger: Streber! Malfoy: Guter Junge! Neville: Versager!

M 28/L 29: Harry hat Angst, sich vor Draco lächerlich zu machen. Malfoy prahlt mit seinen Flugerlebnissen und Flugkünsten. Seamus erzählt, dass er den größten Teil seiner Kindheit mit Fliegen zugebracht hat. Ron erzählt von einem Beinahe-Zusammenstoß mit einem Drachenflieger. Neville fürchtet sich vorm Fliegen und hat noch nie einen Besen bestiegen. Hermine gibt Flugtipps aus einem Quidditch-Buch.

M 29/L 30: Neville und Harry werden hier sehr schlecht dargestellt. Außerdem übertreibt Millicent. Sie benutzt unpassende Wörter und macht sich dabei über die Gryffindor-Kinder lustig. Sie schreibt ganz im Interesse der Slytherins.

M 30/L 31: S. 165, Z. 6, Z. 8, Z. 17/18, Z. 21–28; S. 166/Z. 3

M 30/L 32: Grasplatz, Vordertreppe, Marmortreppe, Gänge, Klassenzimmer von Professor Flitwick, Korridor, leeres Klassenzimmer

M 32/L 33: Der „Filch-kommt-ins-Pokalzimmer-Zufall" und der „Tür-schließ-auf-Zufall" waren <u>keine</u> Zufälle. Der „Fette-Dame-Ausgeh-Zufall" bedeutet, dass die fette Dame zufällig in dem Moment nicht in ihrem Bild war, als Hermine kam. Dadurch wurde sie ausgesperrt und musste Harry und Ron begleiten. Der „Filch-kommt-ins-Pokalzimmer-Zufall" war kein Zufall. Draco wollte, dass Harry erwischt wird, und hat dem Hausmeister wahrscheinlich einen Tipp gegeben. Neville, der Tollpatsch, stürzt in die Rüstung. Ein Zufall, durch den die Kinder davonrennen und so den Geheimgang entdecken. Das Türöffnen haben die Kinder keinem Zufall, sondern Hermines Zauberfähigkeiten zu verdanken.

M 32/L 34: Die Kinder hätten den dreiköpfigen Hund bestimmt nicht entdeckt, ... wenn die fette Dame nicht zu einem nächtlichen Besuch ausgegangen wäre; ... wenn Neville nicht mitgekommen wäre; ... wenn Neville nicht in die Rüstung gestolpert wäre; ... wenn sie nicht vor Filch geflohen wären; ... wenn Hermine nicht dabei gewesen wäre; ... wenn Hermine die Tür nicht geöffnet hätte; ... wenn Draco Harry nicht zum Duell gefordert hätte.

M 33/L 35: Vorschlag: Ich höre ein leises Grunzen und das Schleifen einer Keule auf dem Fußboden, außerdem das Schlurfen des Trolls. Jetzt vernehme ich Hermines panischen und schrillen Entsetzensschrei und das Krachen der Waschbecken auf dem Fußboden. Ich höre ein Metallrohr auf den Boden fallen, dann einen Schrei von Ron, schließlich Harrys Stimme.
Plötzlich vernehme ich das Heulen des Trolls, Rons Zauberspruch und das Splittern einer Keule.

M 33/L 36: Hermine hat alle Schuld auf sich genommen und damit Ron und Harry aus der Patsche geholfen. Harry ist davon sehr beeindruckt (S. 196, Z. 3–8).

M 36/L 37: Die Namen sind Fluffy (S. 210) und Nicolas Flamel (S. 211). Der Verdacht gegen Snape wächst.

M 37/L 38: Sie wollen herausfinden, was Snape zu stehlen versucht (S. 215). Flamel scheint etwas damit zu tun zu haben. Harry hat außerdem das Gefühl, den Namen Flamel schon irgendwo gelesen zu haben.

M 37/L 39: Hermine ist sehr gründlich und geht systematisch vor, indem sie mithilfe einer Liste sucht. Ron ist zwar auch interessiert, die Sache aufzuklären, scheint aber weniger gründlich und eher etwas planlos zu sein, da er nur an den Regalen entlangschlendert. Harry löst das Problem mit Kombinationsgabe und Intelligenz. Er sucht gezielt in der Abteilung für verbotene Bücher.

M 38a/L 40: Die Magie spielt eine sehr große Rolle in Maries Alltag. Wenn ihr Wecker nicht klingelt, denkt sie, jemand habe ihn verhext. Sie glaubt außerdem an Horoskope und an Vorzeichen jeder Art. Die Sache mit dem Kalender zeigt, dass sie sich auch schon Bücher zu diesem Thema angeschafft hat. Sie begeht regelrechte Zwangshandlungen, indem sie darauf achtet, nicht auf Plattenrillen zu treten. Schließlich trifft sie selbst gar keine Entscheidungen mehr, sondern überlässt alles nur ihren Ratgebern.

M 38a/L 41: In ihrer Situation ist es natürlich nicht gut, auf das Üben für die Mathearbeit zu verzichten.

M 39/L 42: Harry bekommt eine geschnitzte Flöte, ein Fünfzig-Pence-Stück, einen handgestrickten Weasley-Pulli, eine Schachtel Schokofrösche, einen Umhang, der unsichtbar macht, ein Dutzend Leuchtballons, einen Biokasten und ein Zauberschachspiel.

M 40/L 43: Dumbledore mag Harry sehr gern. Er traut ihm eine Menge zu, vielleicht auch einen Kampf gegen Voldemort, denn er weiß, dass Voldemort schon einmal an Harry gescheitert ist. Vielleicht will er aber Harrys Abenteuerlust und seinen Entdeckerdrang nur nicht bremsen. Auch möchte er, dass Harry selbst entdeckt und entscheidet, was richtig und falsch und was gut und böse ist. Schließlich ist es Harrys gutes Recht, etwas über seine Familie mithilfe des Spiegels zu erfahren. Dumbledore weiß ja, wie viel Leid Harry erfahren hat.

M 42/L 44: Neville verliert seine Kröte im Zug (S. 116). In der ersten Zaubertrankstunde lässt er den Kessel von Seamus zu einem Klumpen zerschmelzen (S. 153). Er fällt vom Flugbesen und verliert dabei sein Erinnermich (S. 162/163). Er vergisst in der Nacht das Passwort und wird ausgesperrt (S. 172). Er stolpert in die Rüstung (S. 174).

M 42/L 45: Harry weiß, dass der Stein bei Gringotts im Hochsicherheitsverlies gelagert und auf Albus Dumbledores Befehl von Hagrid nach Hogwarts gebracht wurde. Anschließend kam es zu einem Einbruch bei Gringotts. Nicolas Flamel ist der einzige bekannte Hersteller des Steins der Weisen. Dieser Stein gehört Flamel. Der dreiköpfige Hund Fluffy bewacht den Stein, der jedes Metall in Gold verwandelt und das Elixier des Lebens erzeugt, eine Flüssigkeit, die unsterblich macht. Snape ist scheinbar hinter dem Stein her.

M 43/L 46: Die Alchemisten haben sich mit der Umwandlung von Metallen, mit der künstlichen Herstellung von Gold, aber auch mit der Anfertigung von Schmuck und der Erzeugung medizinischer Präparate beschäftigt. Alchemisten – mit einem „L" geschrieben – sind natürlich keine Chemiker im Weltraum. Sie wurden als Geldfälscher missbraucht. Die Kirche warf ihnen vor, Geister zu beschwören und gotteslästerlich zu handeln. Zu den Vorwürfen kam es wohl, weil die Tätigkeit der Alchemisten geheimnisvoll war. Was man nicht durchschaute, schrieb man dem Teufel zu.

M 45/L 47: Harry Krause sollte nicht eingeladen werden, denn er versteht unter „Zaubern" nur das, was er von „Harry Potter" kennt. Tim Bertram ist auch die falsche Person. Der Magische Zirkel lehnt Spiritismus und Okkultismus, die Beschwörung dunkler Mächte also, grundsätzlich ab. Philipp Sorge und Anja Fuchs hingegen sind gute Kandidaten: einfallsreich, erfahren und fingerfertig.

M 45/L 48: Im Magischen Zirkel ist Zauberkunst etwas, das durch die Geschicklichkeit des Zauberkünstlers entsteht und zur Sinnestäuschung des Publikums führt. Das hat nichts mit übernatürlichen Dingen zu tun. Im Roman dagegen wird angenommen, es gäbe eine Zauberwelt, in der unsere Naturgesetze nicht mehr gelten: Besen können plötzlich fliegen, Personen besitzen magische Kräfte.

M 48/L 49: Achte auf die verschiedenen Endungen im Singular (Einzahl): Ein Drach**e** ist ein riesiges echsenartiges, geflügeltes Fabeltier. Ein Drach**en** ist a) ein Fluggerät, b) eine zänkische Person.

M 49/L 50:

- **Zentaur**
  In der griechischen Sagenwelt der Muggel waren sie bekannt für ihre Trunksucht und wurden oft als Begleiter von Dionysos, dem Gott des Weines, abgebildet (7). Sie sehen ihr Schicksal in den Sternen und haben einen Eid abgelegt, sich nicht gegen den Himmel zu stellen (11). Ein Mischwesen zwischen Mensch und Pferd (3). Hagrid bezeichnet sie als „vermaledeite Sternengucker" (9).
- **Einhorn**
  Von dem Tier hört Harry zum ersten Mal im Laden von Ollivander, später im Zaubertrankunterricht (1). Harry hat noch nie etwas so Schönes und Trauriges gesehen (4). Das Tier ist weiß mit perlweißer Mähne (5). Bei den Muggeln gilt das Tier als besonders edles magisches Geschöpf (10).
- **Werwolf**
  Wer von ihm gebissen wird, verwandelt sich selbst in dieses Tier (2). In „Geschichte der Zauberei" lernen die Kinder die Benimmregeln dieser Tiere von 1637 kennen (6). Bei den Muggeln gibt es die Legende, dass dieses Tier, wenn es getötet wird, als Vampir wiederkommt (8).

M 50/L 51: Ich höre das heftige Protestieren von Draco Malfoy und die grimmige Antwort von Hagrid. Ich achte auf das laute Plätschern eines Baches. Plötzlich vernehme ich das unheimliche Rascheln der Blätter bei einer leichten Brise, höre das leise Flüstern Hagrids und dann ein plötzliches Schleifen. Dann ertönt Hagrids kräftiges Rufen.

M 50/L 52: Einhornblut hält Wesen wie Voldemort, die nur eine Handbreit vom Tod entfernt sind, am Leben. Allerdings ist das nur noch ein halbes, ein verfluchtes Leben. Lebenselixier wird mithilfe des Steins der Weisen erzeugt. Es gibt dem, der es trinkt, ewiges Leben. Nebenwirkung: grenzenlose Langeweile und viele andere Nachteile ...

M 51/L 53: 1) Ananas-Stepptanz auf dem Schreibtisch von Professor Flitwick 2) Verwandlung einer Maus in eine Schnupftabaksdose bei Professor McGonagall 3) Aufschreiben der Zutaten für den Vergesslichkeitstrank 4) Fragen über schrullige alte Zauberer beantworten

M 51/L 54: Es wird deutlich auf Seite 293, Zeile 28, wenn Harry gleich sehr energisch wird. Seine Sätze tragen Ausrufezeichen und Fragezeichen. Er malt Voldemorts Schreckensherrschaft in den schlimmsten Farben aus. Auf Seite 294 spricht er weiter. Seine Rede ist sehr lang und kraftvoll. Schließlich blickt er die Kinder zornfunkelnd an.

M 52/L 55: Hermine: Das wandelnde Lexikon! (S. 301); Kommt mit Logik ans Ziel! (S. 308–311) **Harry:** Gibt niemals auf! (S. 308–312); Ein sportliches Ass! (S. 304) **Ron:** Beherrscht sein Spiel! (S. 305/306); Bereit, sich zu opfern! (S. 307)

M 53/L 56: Voldemort: Wer die Macht hat, darf sich alles erlauben. Es gibt kein Gut und kein Böse! Wer schwach ist, hat selbst schuld. Fehler vergibt man nicht.
Dumbledore: Man sollte lernen zwischen gut und böse zu unterscheiden. Den Schwachen sollte man helfen. Auch die Mächtigen müssen sich an Regeln halten.

M 54/L 57: Zeitdehnung: Auf der gesamten Seite 320 findest du Zeitdehnung. Harrys Kampf wird in allen Einzelheiten mit jeder kleinen Bewegung, jedem Wort dargestellt. **Zeitsprung:** Nach dem letzten Satz auf der Seite 320 folgt ein Zeitsprung, denn Harry wacht erst drei Tage (S. 321, Z. 31) später auf. **Rückblick:** Auf der Seite 322 beginnt in Zeile 3 ein Rückblick auf die Ereignisse um Quirrell, Voldemort und Harry.

M 56b/L 58: Huberts Freude wird in den Zeilen 7/8 deutlich. Er hüpft fröhlich pfeifend zur Kasse. In den Zeilen 9/10 stellt er sich eine Geburtstagsparty in der Zukunft vor. Voller Vorfreude verschenkt er sein Auto (Z. 23–25). Auch beim Studieren der Bedienungsanleitung in Zeile 33 ist er noch in guter Stimmung.

M 56b/L 59: Er stellt es sich langweilig vor, ewig die gleiche Torte essen zu müssen. Ihm gefällt auch nicht, dass unsympathische Menschen mit ihm unsterblich sein werden. Schließlich bekommt er Angst, dass man ihm den Stein stehlen könnte.

M 56b/L 60: Hubert hat mit der Zerstörung des Steins noch einmal Glück gehabt. Ein ewiges Leben wäre eine ewige Qual für ihn geworden. Am besten hat er es selbst dargestellt, wenn er schreibt: „... ein aufregendes Leben voller Überraschungen und kleiner Glücksmomente ist eigentlich viel wertvoller als tausend Jahre Langeweile." Nicoles Meinung ist hier zutreffend.

Lernspiele

Wer kennt Hagrid?
Flohmarkt in der Winkelgasse
Reisefieber
Um Mitternacht in Hogwarts
Vorher oder nachher?

Wer kennt Hagrid?

2–6 Mitspieler

Die Vorbereitung

Die 52 Spielkarten (32 Fragekarten, 4 Joker, 8 Pantomimekarten, 8 Du-weißt-schon-wer-Karten) werden gemischt und verdeckt in der Mitte des Tisches gestapelt.

Der Spielverlauf

Der jüngste Spieler nimmt eine Karte vom Stapel und bearbeitet sie. Im Uhrzeigersinn geht es weiter.
Nimmt ein Spieler eine **Fragekarte** auf, muss er sagen, ob die Aussage richtig (17 Mal) oder falsch (15 Mal) ist. Die Mitspieler können die Antwort kontrollieren, indem sie auf der angegebenen Seite im Buch nachschlagen. Bei der richtigen Lösung darf der Spieler die Karte behalten, sonst legt er sie zur Seite.
Nimmt ein Spieler eine **Pantomimekarte** auf, muss er in die Rolle von Hagrid schlüpfen und den Mitspielern ohne Worte etwas vorspielen. Die Gruppe errät, was gespielt wird, und entscheidet, ob der Hagrid-Darsteller die Aufgabe gut gelöst hat. In diesem Fall darf er die Pantomimekarte behalten, sonst muss er sie zur Seite legen.
Die **Jokerkarten** dürfen behalten und am Schluss mitgezählt werden.
Wer eine **„Du-weißt-schon-wer"-Karte** aufnimmt, muss zwei Karten aus seinem Besitz abgeben.
Wer zuerst **sieben** Spielkarten erworben hat, ist Sieger.

Die Spielkarten ✂

Er schlägt sich manchmal heftig gegen die Stirn. (S. 60)	Einer seiner Flüche lautet „Schluckende Wasserspeier". (S. 62)	Er wurde im fünften Jahr in Hogwarts entlassen. (S. 69)	Er hat als Hausmeister in Hogwarts gearbeitet. (S. 69)
Man hat ihm in Hogwarts den Zauberstab verbogen. (S. 69)	Dumbledore hat ihn als Wildhüter behalten. (S. 69)	Er hält sehr viel von Albus Dumbledore. (S. 68)	Er schnäuzt sich laut wie ein Nebelhorn die Nase. (S. 64)
Er hat keine Hemmungen, den Namen Voldemort auszusprechen. (S. 62)	Seine Augen schimmern wie schwarze Käfer. (S. 54)	Er bezeichnet Onkel Vernon als Matschbirne. (S. 55)	Dudley nennt er „Kloß". (S. 55)
Er bricht Onkel Vernons Gewehrlauf durch. (S. 55)	Sein voller Name lautet: Rubeus Hagrid, Hüter der Schlüssel von Hogwarts. (S. 56)	In seinem Umhang befindet sich ein Schürhaken. (S. 56)	Er trägt riesige Sandalen an den Füßen. (S. 71)
Er strickt im Zug. (S. 75)	Er ist mindestens achtmal so breit wie ein gewöhnlicher Mann. (S. 20)	Er hat das Motorrad von Sirius Black geliehen. (S. 20)	Er besitzt ein großes gestreiftes Taschentuch. (S. 21)

Wer kennt Hagrid?

Er begrüßt einen Kobold mit „Moin!". (S. 82) ?	Er verwechselt Stalagmiten mit Stalaktiten. (S. 84) ?	Er verheddert sich im Drehkreuz zur Untergrundbahn. (S. 76) ?	Er hat eine Abneigung gegen Drachen. (S. 74) ?
Er ist stolz darauf, dass ihm Dumbledore vertraut. (S. 72) ?	In seinem Umfang findet Harry Schlüsselbunde und Kaugummis. (S. 71) ?	Ein Junge bezeichnet Hagrid als Wilderer. (S. 88) ?	Er stopft Hundekuchen in seine Taschen. (S. 83) ?
Er warnt Harry vor Ravenclaw. (S. 90) ?	Im „Tropfenden Kessel" bestellt er das Übliche. (S. 77) ?	Mit Muggelgeld kommt er nicht zurecht. (S. 74) ?	Er zaubert Dudley ein Schweineschwänzchen. (S. 68) ?

Joker	Joker	Joker	Joker

Pantomime Du spielst, die Gruppe rät: Hagrid spricht mit einer Figur aus dem Roman.	**Pantomime** Du spielst, die Gruppe rät: Was holt Hagrid aus seinem Umhang?	**Pantomime** Du spielst, die Gruppe rät: In welchen Gegenstand verwandelt Hagrid den Stift?	**Pantomime** Du spielst, die Gruppe rät: An welchem Ort befindet sich Hagrid?
Pantomime Du spielst, die Gruppe rät: Hagrid begegnet einem Zauberwesen aus dem Roman.	**Pantomime** Du spielst, die Gruppe rät: Was macht Hagrid mit seinem Schirm?	**Pantomime** Du spielst, die Gruppe rät: Wem schickt Hagrid eine Eule?	**Pantomime** Du spielst, die Gruppe rät: Was liest Hagrid im „Tagespropheten"?

Du-weißt-schon-wer	Du-weißt-schon-wer	Du-weißt-schon-wer	Du-weißt-schon-wer
Du-weißt-schon-wer	Du-weißt-schon-wer	Du-weißt-schon-wer	Du-weißt-schon-wer

Flohmarkt in der Winkelgasse

– ein Spiel um Adjektive für 1–4 Mitspieler –

Die Spielidee

Stell dir vor: An jedem Dreizehnten des Monats kommen Zauberer und Hexen auf ihren langen Transportbesen aus allen Richtungen in die Winkelgasse geflogen, wo sie sich zum großen Flohmarkt treffen.
In diesem Spiel kannst du manches magische Schnäppchen machen und erfährst ganz nebenbei eine Menge über die Wortart „Adjektive". Du musst versuchen, so viele Gegenstände wie möglich auf dem Flohmarkt einzukaufen.

Die Vorbereitung

Die **28 Flohmarktkarten** werden gemischt und verdeckt in der Mitte des Tisches gestapelt. Anschließend werden die kleinen Karten, die **40 Einkaufszettel** und die **8 Schnäppchenkarten**, gemischt und an die Mitspieler verteilt. Jeder Spieler erhält **6 kleine Karten**, die er offen vor sich ausbreitet. Die übrigen Einkaufszettel werden verdeckt auf dem Tisch gestapelt.

Der Spielverlauf

Im Uhrzeigersinn wird gespielt. Der jüngste Spieler beginnt. Er nimmt eine Flohmarktkarte auf und liest vor, was dort angeboten wird. Dann sieht er nach, ob der Gegenstand zu seinen Einkaufszetteln passt. Das Beispiel zeigt dir, wie es gemacht wird:

Zauberstab

Magix,
der
<u>hautfreundliche</u>
Handschmeichler
mit <u>feinstem</u>
Fellbezug!

1

1. Schritt: Zunächst siehst du nach, welche Adjektive die Flohmarktkarte enthält. Auf dieser Karte sind es „hautfreundliche" und „feinstem".

2. Schritt: Nun bestimmst du die Adjektive, indem du herausfindest, um welche grammatische Formen es sich handelt.
Hier sind es *Positiv* (hautfreundlich) und *Superlativ* (feinstem). Außerdem ist „hautfreundliche" ein *zusammengesetztes Adjektiv*, welches aus einem *Nomen* (Haut) und einem *Adjektiv* (freundlich) besteht.

3. Schritt: Schließlich siehst du nach, ob du die drei Einkaufszettel besitzt, die zu diesem Gegenstand passen.
In diesem Fall darfst du die Flohmarktkarte „kaufen".

Diese drei Einkaufszettel passen zur Flohmarktkarte. Mit ihnen kannst du den Zauberstab kaufen:

Adjektive – Einkaufszettel
Positiv

Adjektive – Einkaufszettel
Zusammengesetzt: Nomen + Adjektiv

Adjektive – Einkaufszettel
Superlativ

hautfreundliche

feinstem

Die Einkaufszettel werden beim Kauf einer Flohmarktkarte abgegeben und verdeckt gestapelt und durch neue Karten ersetzt. Hat der Vorgänger einen Gegenstand gekauft, deckt der nächste Spieler eine weitere Flohmarktkarte auf. Ansonsten bleibt die Karte liegen und der nächste Spieler prüft, ob er mit seinen Einkaufszetteln einen Gegenstand kaufen kann. Falls dies keinem der Mitspieler in einer Runde gelingt, wird die Flohmarktkarte zurückgelegt und eine neue Karte wird aufgedeckt.
Mit der Schnäppchenkarte kannst du jeden Gegenstand sofort kaufen. Gewonnen hat der Spieler, der nach einer vereinbarten Zeit die meisten Gegenstände besitzt.

Lösungskontrolle und verschiedene Spielmöglichkeiten

Die Lösungskarte liegt verdeckt auf dem Tisch und sollte nur dann zur Klärung herangezogen werden, wenn niemand in der Gruppe die Lösung weiß. Hier ist notiert, welche Adjektivformen die Flohmarktkarten enthalten. Hinweise geben die Zahlen auf den Karten.

Falls einzelne Fälle der Grammatik noch ganz und gar unbekannt sind, kann man die entsprechenden Einkaufszettel (z. B. nominalisierte Adjektive) vor Spielbeginn einfach aussortieren.
„Flohmarkt in der Winkelgasse" kann auch – als kleine Grammatikübung – allein gespielt werden. In diesem Fall setzt sich der Spieler das Ziel, eine bestimmte Anzahl von Gegenständen in einer festgelegten Zeit zu kaufen.

Die Lösungskarte ✂

Flohmarkt in der Winkelgasse – Formen der Adjektive

	Nominalisierte Adjektive	*Positiv*	*Komparativ*	*Superlativ*	*Zusammengesetzte Adjektive*	
					Adjektiv + Adjektiv	*Nomen + Adjektiv*
Karte Nr.	5, 9, 20, 21, 22	1, 2, 2, 3, 4, 4, 5, 6, 7, 7, 8, 9, 9, 9, 10, 10, 11, 11, 12, 13, 14, 15, 15, 16, 16, 17, 18, 18, 19, 19, 20, 22, 23, 23, 24, 25, 27, 27, 28, 28	3, 3, 3, 8, 13, 14, 14, 16, 24, 26	1, 6, 7, 8, 12, 15, 15, 19, 25, 26	7, 10, 15, 18, 27	1, 2, 3, 4, 6, 7, 11 13, 16, 28

Die Flohmarktkarten ✂

Zauberstab

Magix,
der hautfreundliche Handschmeichler mit feinstem Fellbezug!

1

Zauberstab

Öko-Sim,
der kompostierbare Einwegstab aus umweltfreundlicher Recyclingpappe!

2

Zauberstab

Pocket-Salabim,
der federleichte Freizeitstab. Handlicher, kürzer, schlanker als das Vorgängermodell!

3

Zauberstab

Pustix,
der mundgeblasene Glasstab für den festlichen Feiertagszauber!

4

Zauberstab

Hokus-Duplo,
der preiswerte Doppelstab im Zweierpack – wenn es etwas Außergewöhnliches sein soll!

5

Zauberstab

Glühnix,
der handwarme Heizstab für den hitzigsten Zauberspaß!

6

Zauberstab

Punky-Plopp,
der grellbunte Szenestab in den knalligsten Farben. Neu in brandaktuellem Neongrün!

7

Zauberstab

Winz-Wupp,
der klappbare Pocketstab für die kleinste Hosentasche – jetzt noch winziger!

8

Zauberstab

Miraculo,
der Rassige aus dem Süden: temperamentvoll, ungezügelt, leidenschaftlich!

9

Zauberstab

Ali Ben Hex,
der orientalische Schwebestab in der rotschwarzen Teppichrolle!

10

Eule

Miranda,
die muskelstarke Schwerlasteule mit den kräftigen XXL-Schwingen!

11

Eule

Bella,
die anschmiegsame Schmuseeule für die Zustellung zärtlichster Liebesbriefe!

12

Eule

Ludmilla,
die spurtstarke Langstreckeneule, jetzt noch schneller!

13

Eule

Barbara,
die Discoeule – je lauter die Musik, desto eleganter ihr Flügelschlag – für den harten Hip-Hop-Einsatz!

14

Eule

Sir Mausbart,
die gräfliche Boteneule aus vornehmstem altenglischen Eulenadel mit feinsten Flugmanieren!

15

Eule

Uhu-Quax,
die Kunstflugeule, nicht ganz absturzsicher, dafür elegant und jetzt noch waghalsiger!

16

Buch

Feine Flüche und zarte Verwünschungen,
das unentbehrliche Handbuch für den Gentlemanzauberer!

17

Buch

Drachendressur,
der wissenschaftliche Ratgeber mit zahlreichen Abbildungen!

18

Buch

Wenn Trolle treten,
erste Hilfe bei üblen Unfällen – mit praktischem Wundsalbenset!

19

Buch

Kissen-Quidditch,
der unentbehrliche Leitfaden für Bequeme!

20

Buch

Der Hexen-Hotdog-Führer,
ein Lexikon für Hungrige!

21

Buch

Wenn Muggel meckern,
Neues aus der Muggelwelt mit zahlreichen Bildern!

22

Zaubertrank

Verdopplerbrühe,
der wirksame Cocktail gegen quälende Einsamkeit!

23

Zaubertrank

Schrumpfolin,
wenn Sie ganz schnell kleiner werden möchten!

24

Zaubertrank

Kriechofix,
macht unangenehme Typen auf schnellstem Wege zur Schnecke!

25

Zaubertrank

Hicks,
größtes Vergnügen und bessere Wirkung trotz geringerem Alkoholanteil!

26

Zaubertrank

Wieheißtdiesoße,
der bittersüße Vergessenstrank!

27

Zaubertrank

Power-Schlürf,
der frischfruchtige Vitamintrank für muskelstarke Magier!

28

Die Einkaufszettel ✂

Adjektive – Einkaufszettel **Superlativ**	Adjektive – Einkaufszettel **Superlativ**	Adjektive – Einkaufszettel **Superlativ**	Adjektive – Einkaufszettel **Superlativ**
Adjektive – Einkaufszettel **Superlativ**	Adjektive – Einkaufszettel **Superlativ**	Adjektive – Einkaufszettel **Superlativ**	Adjektive – Einkaufszettel **Superlativ**
Adjektive – Einkaufszettel **Komparativ**	Adjektive – Einkaufszettel **Komparativ**	Adjektive – Einkaufszettel **Komparativ**	Adjektive – Einkaufszettel **Komparativ**
Adjektive – Einkaufszettel **Komparativ**	Adjektive – Einkaufszettel **Komparativ**	Adjektive – Einkaufszettel **Komparativ**	Adjektive – Einkaufszettel **Komparativ**
Adjektive – Einkaufszettel **Positiv**	Adjektive – Einkaufszettel **Positiv**	Adjektive – Einkaufszettel **Positiv**	Adjektive – Einkaufszettel **Positiv**
Adjektive – Einkaufszettel **Positiv**	Adjektive – Einkaufszettel **Positiv**	Adjektive – Einkaufszettel **Positiv**	Adjektive – Einkaufszettel **Positiv**
Adjektive – Einkaufszettel Zusammengesetzt: Nomen + Adjektiv	Adjektive – Einkaufszettel Zusammengesetzt: Nomen + Adjektiv	Adjektive – Einkaufszettel Zusammengesetzt: Nomen + Adjektiv	Adjektive – Einkaufszettel Zusammengesetzt: Nomen + Adjektiv
Adjektive – Einkaufszettel Zusammengesetzt: Nomen + Adjektiv	Adjektive – Einkaufszettel Zusammengesetzt: Nomen + Adjektiv	Adjektive – Einkaufszettel Zusammengesetzt: Adjektiv + Adjektiv	Adjektive – Einkaufszettel Zusammengesetzt: Adjektiv + Adjektiv

Adjektive –
Einkaufszettel

Zusammengesetzt:
Adjektiv + Adjektiv

Adjektive –
Einkaufszettel

Zusammengesetzt:
Adjektiv + Adjektiv

Adjektive –
Einkaufszettel

Zusammengesetzt:
Adjektiv + Adjektiv

Adjektive –
Einkaufszettel

Nominalisiertes
Adjektiv

Adjektive –
Einkaufszettel

Nominalisiertes
Adjektiv

Adjektive –
Einkaufszettel

Nominalisiertes
Adjektiv

Adjektive –
Einkaufszettel

Nominalisiertes
Adjektiv

Adjektive –
Einkaufszettel

Nominalisiertes
Adjektiv

Die Schnäppchenkarten ✂

Schnäppchen

Schnäppchen

Schnäppchen

Schnäppchen

Schnäppchen

Schnäppchen

Schnäppchen

Schnäppchen

Reisefieber

1–33 Mitspieler

Die Spielidee

Bei diesem Erzähl- oder Schreibspiel sollt ihr Geschichten von eigenen **Reisen nach Hogwarts** erfinden und sie entweder einer Gruppe von Zuhörern vortragen oder aufschreiben.
Stellt euch vor, ihr bekommt so wie Harry einen Brief von Albus Dumbledore. Darin werdet ihr eingeladen, nach Hogwarts zu kommen, natürlich nicht als Schüler, sondern – wie es sich für Muggel gehört – als Gäste. Dumbledore teilt euch im Brief mit, **wann**, von **wo** aus und **wie** die Reise nach Hogwarts stattfindet. Ihr erzählt anschließend, was ihr auf dieser Reise erlebt habt.

Die Vorbereitung

Die **30 Fragekarten** werden in drei Stapeln – Wann? Wo? Wie? – verdeckt auf dem Tisch abgelegt. Die **32 Zwischenfallkarten** werden in der Spielgruppe (in der Klasse) verteilt.

Der Spielverlauf

Ein Mitspieler nimmt von den ersten drei Stapeln (Fragekarten) je eine Karte und erzählt der Gruppe, **wann**, **wie** und von **wo** aus er nach Hogwarts gereist ist. Dabei muss er die Informationen benutzen, die auf den Karten stehen.
Jede Erzählung sollte mindestens drei Minuten dauern und mit vielen eigenen Ideen ausgeschmückt werden.

Zwischenfall: Auf jeder Zwischenfallkarte ist etwas notiert, was sich während der Reise ereignet. Wann sich ein Zwischenfall ereignet, könnt ihr selbst festlegen:

a) Die Zuhörer dürfen entweder während einer Erzählung insgesamt dreimal „Zwischenfall" an beliebigen Stellen rufen.
b) Oder sie rufen immer dann Zwischenfall, wenn der Erzähler ein bestimmtes Wort sagt (etwa: „und", „dann" oder „äh").

Der Erzähler ruft nun einen Mitspieler auf. Der liest seine Zwischenfallkarte vor und der Erzähler muss das Ereignis in seine Erzählung einbauen. So entstehen die verrücktesten Reisegeschichten.

Die Smileys: Es ist übrigens gar nicht sicher, ob ein Erzähler sein Reiseziel erreicht. Das hängt ab von den Gesichtern auf den Wann-, Wie- und Wo-Karten: Hat man zwei oder drei Lachgesichter, gelangt man nach Hogwarts. Bei zwei oder drei traurigen Gesichtern wird man an ein anderes Reiseziel (der eigenen Wahl) verschlagen.

Die Spielkarten ✂

Wann? während einer Deutschstunde ☹	Wann? um Mitternacht ☹	Wann? beim Frühstück ☹	Wann? am ersten Ferientag ☹
Wann? jetzt sofort ☹	Wann? am 1. April ☺	Wann? mitten im Winter ☺	Wann? an Halloween ☺
Wann? während der großen Pause ☺	Wann? kurz nach dem Einschlafen ☺	Wo? in einem Federmäppchen ☹	Wo? in einer Telefonzelle ☹
Wo? mitten im Dschungel ☹	Wo? in einer Oase in der Wüste Sahara ☹	Wo? auf einer unbewohnten Südseeinsel ☹	Wo? auf dem Sprungturm im Freibad ☺
Wo? im Lehrerzimmer unserer Schule ☺	Wo? im Klassenschrank ☺	Wo? am Nordpol ☺	Wo? an einer Autobahnraststätte ☺
Wie? mit einem fliegenden Teppich ☹	Wie? auf dem Rücken einer Ameise ☹	Wie? mit einem Papierflieger ☹	Wie? auf Inlinern ☹
Wie? in Handschellen in einem Polizeiwagen ☹	Wie? auf dem Flügel eines Adlers ☺	Wie? mit einem Fahrstuhl ☺	Wie? in einem Kinderwagen ☺
	Wie? mit einem Formel-I-Rennwagen ☺	Wie? mit dem Auto meiner Deutschlehrerin ☺	

Zwischenfall ein Wirbelsturm	Zwischenfall eine Zahnspange	Zwischenfall eine Bananenschale	Zwischenfall ein Überfall
Zwischenfall eine Fernsehsendung	Zwischenfall eine E-Mail	Zwischenfall ein sprechender Vogel	Zwischenfall ein Sandsturm
Zwischenfall eine Flaschenpost	Zwischenfall ein Bild im Museum	Zwischenfall ein Lied	Zwischenfall ein LKW-Fahrer
Zwischenfall ein Kuss	Zwischenfall ein Kochrezept	Zwischenfall ein Heißluftballon	Zwischenfall ein Känguru
Zwischenfall ein Hilferuf	Zwischenfall ein Buch	Zwischenfall eine wertvolle Vase	Zwischenfall ein Zelt
Zwischenfall eine defekte Taschenlampe	Zwischenfall eine Fata Morgana	Zwischenfall eine Rauchwolke	Zwischenfall ein Luftballon
Zwischenfall eine Schlaftablette	Zwischenfall ein Computerabsturz	Zwischenfall Schmierseife	Zwischenfall eine Polizeistreife
Zwischenfall ein Wespenstich	Zwischenfall ein Vulkanausbruch	Zwischenfall ein entlaufener Löwe	Zwischenfall ein Gespenst

Um Mitternacht in Hogwarts

– ein Erzählspiel für 1–32 mutige Muggel-Mitspieler –

Die Spielidee

In dieser Erzählkette für die ganze Klasse lernst du die Bewohner von Hogwarts kennen: Lehrerinnen und Lehrer, Schüler, Hausmeister und natürlich Gespenster.
Jeder Spieler schlüpft in die Rolle einer Romanfigur. Lest dazu das Kapitel „Der Sprechende Hut" (S. 126–144). Stellt euch vor, in der ersten Nacht kommt es zu merkwürdigen Begegnungen auf den Fluren, auf den Treppen, im Schlafsaal oder im dunklen Verlies. Was dort passiert, sollt ihr euch ausdenken.

Die Vorbereitung

Die **32 Spielkarten** werden gemischt und in der Klasse verteilt, sodass jeder Schüler eine Karte bekommt. Falls ihr in der Kleingruppe spielt, verteilt ebenfalls alle Karten an die Mitspieler.

Der Spielverlauf

Der Spieler mit der „**Neville-Longbottom**-Karte" beginnt, indem er erzählt, was er um Mitternacht erlebt hat.
Hier ein Erzählbeispiel: *„Während der ersten Nacht in Hogwarts wurde ich plötzlich von einem lauten Lachen geweckt. Es kam von unten aus dem Speisesaal. Ich schlich aus dem Schlafraum und traf …"*
Nachdem der erste Spieler in der Rolle von Neville die Worte **„und traf"** ausgesprochen hat, ruft er einen Mitschüler auf. Der nennt den Namen seiner Romanfigur – z. B. der Blutige Baron.
Neville fährt fort: *„… und traf den Blutigen Baron."*
Der erzählt an dieser Stelle – aus der Sicht seiner Figur – weiter: *„Ausgerechnet Neville Longbottom! Diesem Versager wollte ich gleich in der ersten Nacht eine Lehre erteilen. Ich versteckte mich hinter …"*
So geht die Erzählkette immer weiter, wobei es zu den verrücktesten Begegnungen kommt.
Die gemeinsame Erzählung endet, wenn **Albus Dumbledore** ins Spiel kommt. Seine Aufgabe ist es, die nächtlichen Herumtreiber mit einem pfiffigen Zauber in die Betten zu schicken. Lasst euch etwas Ungewöhnliches einfallen!

Die Spielkarten ✂

Neville Longbottom – Start! –	Hermine Granger	Ron Weasley	Rubeus Hagrid
George Weasley	Professor McGonagall	Draco Malfoy	Der sprechende Hut
Fred Weasley	Percy Weasley	Argus Filch	Peeves
Harry Potter	Crabbe	Goyle	Der fette Mönch
Professor Flitwick	Professor Quirrell	Der fast kopflose Nick	Der blutige Baron
Professor Snape	Professor Binns	Madam Hooch	Professor Sprout
Seamus Finnigan (Gryffindor)	Hannah Abbott (Hufflepuff)	Susan Bones (Hufflepuff)	Terry Boot (Ravenclaw)
Mandy Brocklehurst (Ravenclaw)	Millicent Bulstrode (Slytherin)	Justin Finch-Fletchley (Hufflepuff)	Albus Dumbledore – Stop! –

Vorher oder nachher?

2–6 Mitspieler

Die Spielidee

Erinnerst du dich daran, wie Hermine Snapes Umhang in Brand setzte? Passierte das, bevor Hagrid Harry eine Flöte schenkte, oder geschah es später? Diese und 66 weitere Fragen zur Romanhandlung musst du hier beantworten, genauer gesagt, du musst die Ereignisse auf deinem Spielplan in die richtige Reihenfolge bringen.

Die Vorbereitung

Jeder Mitspieler bekommt einen Spielplan. Die **68 Ereigniskarten** und die **8 Joker** werden gemischt und in der Mitte des Tisches auf mehreren kleinen Stapeln verdeckt abgelegt.

Der Spielverlauf

Der jüngste Spieler nimmt eine Ereigniskarte auf und legt sie auf einen der acht Plätze seines Spielplans. So geht es im Uhrzeigersinn weiter. Schon bei der zweiten Ereigniskarte muss jeder Spieler entscheiden, ob er sie vor oder hinter die erste Ereigniskarte legt oder ob er zwischen den Karten Plätze frei lässt für weitere Ereignisse. Allein der Joker darf als Ersatz für eine Ereigniskarte an jede beliebige Stelle des Spielplans gelegt werden. Wer die acht Felder seines Spielplans mit Ereigniskarten in der richtigen Reihenfolge belegt hat, gewinnt diese Spielrunde.
Ob richtig gespielt wurde, könnt ihr auf der Lösungskarte kontrollieren. Sie verrät euch, auf welchen Buchseiten die Ereignisse stattfinden.

Spielsituationen

Ein Spieler hat das Feld „1" (Spielplan) bereits mit einer Ereigniskarte belegt. Nun zieht er ein Ereignis, das im Roman noch früher stattfindet. Diese Karte kann er leider auf seinem Spielplan nicht ablegen. Er legt sie unter den Stapel zurück.
Ein Spieler zieht eine Ereigniskarte, die zwischen zwei Karten gelegt werden müsste, die er bereits abgelegt hat. Da er kein Feld frei gelassen hat, muss er die Karte zurücklegen.
Überlegt also vorher ganz genau, wie weit die Ereignisse in der Romanhandlung voneinander „entfernt" sind und lasst entsprechend viele Ereignisfelder auf eurem Spielplan frei.

– Spielplan –

Die Ereigniskarten ✂

1 Die Kinder entdecken den dreiköpfigen Hund.	2 Hagrid und Harry kaufen Schulbücher bei „Flourish & Botts".	3 Dumbledore bedauert, keine Socken bekommen zu haben.	4 Eine Katze studiert eine Straßenkarte.
5 Hagrid erklärt Harry, was „Muggel" bedeutet.	6 Harry spricht mit der Schlange.	7 Hermine setzt Snapes Umhang in Brand.	8 Dumbledore erwartet Harry beim Spiegel.
9 Ron und Hermine üben den Beinklammer-Fluch.	10 Filch liefert die Kinder bei Hagrid ab.	11 Harry klettert auf Firenzes Rücken.	12 Hagrid zaubert Dudley ein Schweineschwänzchen
13 Hagrid schenkt Harry ein Fotoalbum	14 Der sprechende Hut schickt Harry nach Gryffindor.	15 Harry macht einen ersten Ausflug im Tarnumhang.	16 Die erste Flugstunde beginnt.
17 Harry erfährt, dass Voldemort der Mörder seiner Eltern ist.	18 Hagrid fliegt auf dem Motorrad davon.	19 Neville bekommt zehn Punkte für besonderen Mut.	20 Hagrid entdeckt Einhornblut im Wald.
21 Mr. Dursley macht fünf verschiedene Leute zur Schnecke.	22 Hagrid erzählt, woher er Fluffy hat.	23 Hagrid übergibt Dumbledore ein Baby.	24 Der Zoodirektor entschuldigt sich.
25 Hagrid sucht nach Büchern über Drachen.	26 Harry bedankt sich bei Mrs. Weasley für Plätzchen und Pulli.	27 Hagrid schenkt Harry eine Flöte.	28 Harry entdeckt den Spiegel NERHEGEB.
29 Hermine sieht rote Funken über dem verbotenen Wald.	30 Neville stürzt mit seinem Besen ab.	31 Hagrid lernt Ron kennen.	32 Harry zählt fünf kleine Bronzemünzen ab.

33
Ron setzt sich zu Harry ins Zugabteil.

34
Albus Dumbledore knipst Straßenlaternen aus.

35
Hermine findet heraus, dass Flamel den Stein der Weisen hergestellt hat.

36
Die Jahresabschlussprüfung beginnt.

37
Vier Besen kommen aus der Dunkelheit herabgeschwebt.

38
Hagrid überreicht Harry die Fahrkarte nach Hogwarts.

39
Quirrell erzählt von der Herkunft seines Turbans.

40
Ein alter Mann umarmt Mr. Dursley.

41
Hermine löst das Rätsel mit den Flaschen.

42
Harry zieht in Dudleys zweites Schlafzimmer.

43
Malfoy fordert Harry zum Zaubererduell.

44
Der Wetteransager berichtet von Sternschnuppen.

45
Die erste Stunde bei Professor Flitwick beginnt.

46
Harry und Ron sehen einen Troll.

47
Die Kinder entdecken das Drachenei bei Hagrid.

48
Harry begegnet Draco bei Madam Malkin.

49
Harry und die Dursleys erreichen die Felseninsel.

50
Hermine fesselt Neville mit der Ganzkörperklammer.

51
Hermine wird aus dem Gryffindor-Turm ausgesperrt.

52
An Harrys Zauberstab klebt Trollpopel.

53
Malfoy findet das Erinnermich.

54
Dudley zählt seine Geburtstagsgeschenke.

55
Harry lernt Professor Quirrell kennen.

56
Onkel Vernon bringt Harry zum Bahnhof.

57
Hermine befreit die Jungen von der Teufelsschlinge.

58
Harrys Besen versucht ihn abzuschütteln.

59
Krätze beißt Goyle.

60
Harry lernt Hermine kennen.

61
Ron bringt Harry Zauberschach bei.

62
Harry bekommt einen Nimbus Zweitausend.

63
Quirrell wickelt seinen Turban ab.

64
Harry entdeckt ein Päckchen im Hochsicherheitsverlies.

65
Hermine lässt eine Feder schweben.

66
Ron opfert sich auf dem Schachbrett.

67
Harry fährt mit den Dursleys in den Zoo.

68
Dumbledore erzählt, dass der Stein zerstört wurde.

Joker

Joker

Joker

Joker

Joker

Joker

Joker

Joker

Die Lösungskarte ✄

Ereignis/Kartennummer	Buchseite	Ereignis/Kartennummer	Buchseite
1	S. 177	35	S. 239
2	S. 90	36	S. 285
3	S. 234	37	S. 263
4	S. 6	38	S. 97
5	S. 61	39	S. 148
6	S. 34	40	S. 9
7	S. 209	41	S. 310
8	S. 232	42	S. 44
9	S. 242	43	S. 169
10	S. 272	44	S. 11
11	S. 280	45	S. 147
12	S. 68	46	S. 191
13	S. 329/330	47	S. 254
14	S. 134	48	S. 86
15	S. 224	49	S. 52
16	S. 160	50	S. 296/297
17	S. 64	51	S. 172
18	S. 22	52	S. 194
19	S. 332	53	S. 163
20	S. 273	54	S. 27
21	S. 8	55	S. 79
22	S. 210	56	S. 101
23	S. 21	57	S. 302
24	S. 35	58	S. 207
25	S. 251	59	S. 121
26	S. 335	60	S. 117
27	S. 218	61	S. 217
28	S. 227	62	S. 181
29	S. 277	63	S. 318
30	S. 162	64	S. 85
31	S. 155	65	S. 189
32	S. 71	66	S. 307
33	S. 109	67	S. 30
34	S. 14	68	S. 322

Kopiervorlagen und Materialien für Ihren Unterricht!

Literaturunterricht mit Fantasie!

Karin Bogoczek

Alan Arkin: Cassie liebt Beethoven

Unterrichtsideen und Kopiervorlagen für die Sekundarstufe I

84 S., DIN A4, kart.
Best.-Nr. **4089**

Das lustige Jugendbuch von Alan Arkin beschreibt die Abenteuer der Musik liebenden Kuh Cassie. Die **wunderschön illustrierte Unterrichtshilfe** dazu enthält eine Fülle interessanter Ideen rund um die Lektüre. Durch das reichhaltige Angebot an Differenzierungsaufgaben eignet sich der Band **für alle Schularten**. Neben dem umfangreichen Material zur Leseförderung bzw. zum Hörverständnis finden sich im Buch auch zahlreiche **Spiele** und **Internet-Aufgaben**, die den Unterricht auflockern. Wollen Sie den Schülerinnen und Schülern mehr Hintergrundwissen bieten, greifen Sie beispielsweise auf die Musikkapitel oder die Gesprächsimpulse zurück. Ein umfangreiches **Cassie-Lexikon** erleichtert Ihnen die Klärung schwieriger Begriffe, die Schüler/-innen schlagen einfach selbstständig in ihrem Lexikon nach!

Alan Arkin

Cassie liebt Beethoven

rororo rotfuchs

160 S., Taschenbuch
Best.-Nr. **8549**

Jutta Bartels

LITERATURSTUNDEN Andreas Steinhöfel „Beschützer der Diebe"

Unterrichtsvorschläge und Kopiervorlagen für die Sekundarstufe I

80 S., DIN A4, kart.
Best.-Nr. **3671**

Die Unterrichtsvorschläge behandeln die thematischen Schwerpunkte der Lektüre „Beschützer der Diebe" und bereiten sie inhaltlich in methodisch vielfältiger Art und Weise auf. Der besonders **praxisorientierte Ansatz** macht es Ihnen leicht, den Literaturunterricht der jeweiligen Unterrichtssituation anzupassen.
Der Band enthält nach einer Übersicht über den Unterrichtsvorschlag Informationen zu den Hauptpersonen, eine Zusammenfassung des Inhalts und Hinweise zum Autor, methodische Tipps zum Einsatz des Buches im Unterricht, eine detaillierte Darstellung der verschiedenen Segmente sowie Zusatzmaterial.
Neben kopierfähigen Arbeitsblättern und Vorschlägen für Klassen- und Kursarbeiten enthält das Buch zahlreiche Arbeitsaufträge, Tafelbilder und Projektvorschläge.

Klaus Sauerbeck

Max und Moritz für die Schule

Möglichkeiten der praktischen Behandlung im täglichen Unterricht, im Planspiel, im Projekt

92 S., DIN A4, kart. Best.-Nr. **3524**

Auch heute sind diese Lausbuben und ihre bekannten Streiche keineswegs Schnee von gestern! Der Autor zeigt mit vielen Beispielen und **ausgearbeiteten Materialien** für Planspiel und Projektarbeit, dass Schüler/-innen und Lehrkräfte aller Jahrgangsstufen und Schularten das Lesen und Nachdenken über Max und Moritz viel Spaß machen.
Das Buch gibt viele Tipps zum Alltagsunterricht und ist ausgesprochen praxisnah. Von der vierten Klasse bis zur Kollegstufe lassen sich die Flegeleien der beiden beliebten Figuren von Wilhelm Busch im Unterricht behandeln. Projekte wie Schülervortrag mit Bildbegleitung oder Planspiele wie Gerichtsverhandlungen über die Schuldigen bieten dabei viele interessante Möglichkeiten des fächerübergreifenden Arbeitens.

Auer BESTELLCOUPON Auer

Ja, bitte senden Sie mir/uns

____ Expl. Alan Arkin
Cassie liebt Beethoven Best.-Nr. **8549**

____ Expl. Karin Bogoczek
Alan Arkin: Cassie liebt Beethoven Best.-Nr. **4089**

____ Expl. Klaus Sauerbeck
Max und Moritz für die Schule Best.-Nr. **3524**

____ Expl. Jutta Bartels
LITERATURSTUNDEN Andreas Steinhöfel „Beschützer der Diebe" Best.-Nr. **3671**

mit Rechnung zu.

Bequem bestellen direkt bei uns!
Telefon: 01 80/5 34 36 17
Fax: 09 06/7 31 78
E-Mail: info@auer-verlag.de

Bitte kopieren und einsenden an:

Auer Versandbuchhandlung
Postfach 11 52
86601 Donauwörth

Meine Anschrift lautet:

Name/Vorname

Straße

PLZ/Ort

Datum/Unterschrift

E-Mail